U0955027

特殊需求儿童

融合教育手册（上册）

主　　编：张文京
副 主 编：李　丹
本册统筹：杜艾静
本册编者：李　丹　李乐惠　杜艾静　胡加华
　　　　　吴燕毅　郭艳红　赵　婕　廖诗芳
绘　　图：张　昆　骆　阳　冯　婷

一年级

西南師範大學出版社
国家一级出版社　全国百佳图书出版单位

图书在版编目(CIP)数据

特殊需求儿童融合教育手册. 上册 / 张文京主编
. — 重庆 : 西南师范大学出版社, 2019.10
ISBN 978-7-5621-4822-7

Ⅰ. ①特… Ⅱ. ①张… Ⅲ. ①儿童教育 – 特殊教育 – 手册 Ⅳ. ①G76-62

中国版本图书馆CIP数据核字(2019)第220801号

特殊需求儿童融合教育手册·上册
TESHU XUQIU ERTONG RONGHE JIAOYU SHOUCE·SHANGCE

主　　编:张文京
副 主 编:李　丹

责任编辑:杨光明
责任校对:胡君梅
封面设计:起源
排　　版:重庆大雅数码印刷有限公司
出版发行:西南师范大学出版社
地址:重庆市北碚区天生路2号
邮编:400715
网址:www.xscbs.com
印　　刷:重庆荟文印务有限公司
幅面尺寸:185mm×260mm
印　　张:28.5
字　　数:380千字
版　　次:2019年12月　第1版
印　　次:2019年12月　第1次
书　　号:ISBN 978-7-5621-4822-7

定价(共六册):90.00元

目 录

（一年级）

给同学们的话

亲爱的同学们：

首先，恭喜你们成为小学生，顺利进入了一年级。从现在开始，你们将开始新学期的学习。

本册书有与学校同步的语文和数学的辅导，还包含学校适应、学习策略、自我引导等单元活动。通过这些活动，你们能学得更快更多，你们的社会交往能力、学习能力都将得到提升，你们将更加自信与快乐！

当你们遇到困难的时候，老师、爸爸妈妈、小伙伴都将给予你们帮助。你们的本领会一天一天地增长哦！

祝你们在新学期里好好学习，天天向上！

你们的大朋友

四、相互尊重、平等的教育教学

在教育教学中，教师、家长、孩子三者是平等与相互尊重的关系。教师与家长是支持者、信息提供者；孩子是问题提出者、主动学习者。教学双方共同参与，共同进步，共同分享。

五、在具体情境中关注行为习惯的养成教育

情境教学是学校、家庭、社区教育的首选。用餐时学餐饮礼仪，解题时教思维步骤等，以情境施教，在具体情境中关注行为习惯的养成教育。关注良好行为习惯的养成是教育教学的重点。

六、小步子、多重复、多感官，循循善诱

对特殊需求孩子的教育，常将整体、大问题分为小步进行。用总分总的思路，多次重复，调动眼、耳、口、鼻等多感官参与。教育教学时要心平气和，不急不躁，尝试多种方法，创造多种策略。

七、多鼓励表扬，给予成功的教育

在学校、家庭的教育中，“要这样做”应多于“不准这样做”，要表扬多于批评。不要让孩子有过多的挫败，而应创设成功的可能，多关心、鼓励和肯定。战胜困难后获得的成功最具推动力。

八、把握教育的度，让孩子自我选择，自己做决定

了解孩子的起点、水平、兴趣、需求、愿望，让孩子自我选择，自己做决定；给孩子承担责任的机会。教育要适量、适时、适度，不可不及，也不要太过。

九、教育最终让孩子成为他自己

家庭、学校教育的最终目的是顺应孩子的自然天性，让他成为他自己，成为一个独立、自主的人！

编者

给老师和家长的话

各位老师、家长：

你们好！这是提供给融合教育中有特殊教育需求的孩子的支持性学习手册。

本手册共12册，每学期一册，每册的学习内容与每学期的学科学习基本同步。每册有28课或29课，平均每周完成2课左右。全部手册包括三大部分内容：学校适应、学习活动、自我成长。其中，“学校适应”包含：适应学校环境、遵守学校常规、人际沟通、参与活动、品行；“学习活动”包含：学习能力、学习态度、学习策略；“自我成长”包含：自我引导、自我规划、自我评价、自我调控、自我增强。

本手册由教师、家长支持各位孩子在学校、家庭中实施。手册具有建议性、支持性，在使用过程中可以依据孩子的具体情况灵活选用，不必拘泥于某册某课。具体使用建议如下：

一、教师与家长沟通，家校合作

教师与家长沟通、家庭与学校合作是帮助特殊需求孩子获得有效学习的基础。

二、教师、家长以身作则

教师、家长应成为孩子的榜样。要求孩子做的，教师、家长要先做到。例如：不随地吐痰、走人行横道线等。教师、家长要时刻注意自己的言谈、举止、处事和待人之道。想培养有教养的孩子，需要有教养的教师和家长。

三、保持教师、家长教育的一致性，在“温柔的坚持”中实施教育

教师、家长应保持对学生教育态度和要求的一致性，共同秉承“温柔的坚持”的教育原则，面对规则要求不破例、不轻言放弃。

SCHOOL

开学啦

1 我的学校（一）

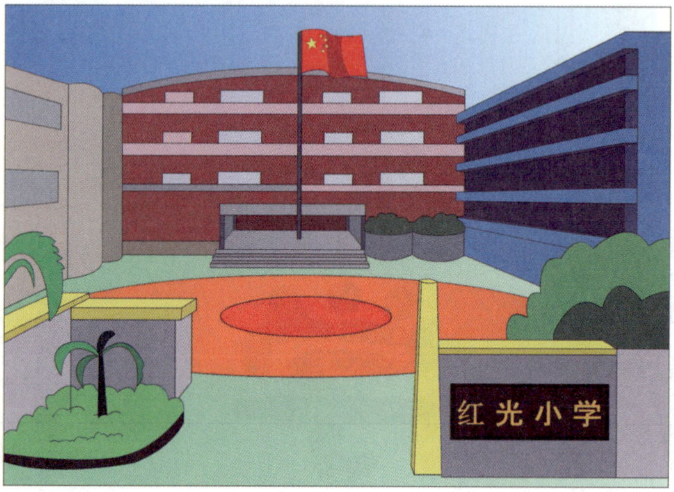

我的学校

教室

厕所

门卫室

办公室

我在________小学读书，我爱我的学校。

说一说

1. 你在哪所学校上学？

2. 你在哪个班级读书？

做一做

1. 请你找到自己的教室。

2. 请你找到自己的座位。

3. 请你找到男厕所和女厕所，选择自己应该去的厕所。

4. 请你到办公室找到教自己的老师。

同伴一起来

1. 在同学的帮助下找自己学校的教室、厕所、门卫室、办公室。

2. 在同学的帮助下找自己学校的其他教室：计算机教室、阶梯教室、美术室等。

爸爸妈妈一起来

带爸爸妈妈参观自己学校的教室、门卫室、办公室等。

2 我的学校（二）

我的学校

操场

食堂

图书室

医务室

我的学校真大啊！有操场、食堂、图书室、医务室，还有……

说一说

说一说学校里有什么。

做一做

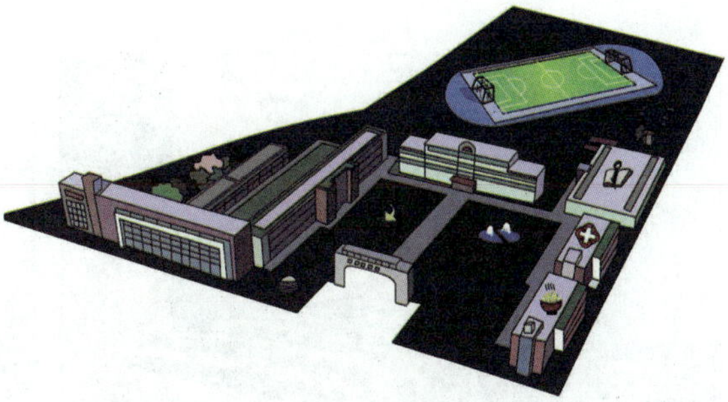

1. 请你找到学校的操场。
2. 请你找到学校的食堂。
3. 请你找到学校的图书室。
4. 请你找到学校的医务室。

同伴一起来

1. 在同学的帮助下找到学校的操场、食堂、图书室、医务室等。
2. 和同伴一起找找学校的其他场所。

爸爸妈妈一起来

1. 带爸爸妈妈参观学校的操场、食堂、图书室、医务室等。
2. 制作自己的名片卡。

名片卡

学　校：__________	
姓　名：__________	班　级：__________
班主任：__________	电　话：__________
爸爸(妈妈)：________	电　话：__________

3 按时上学

早睡

早起

不玩耍

按时到校

我每天早睡早起，上学路上不玩耍，按时到校上学。

做一做

1.和老师一起读儿歌。

不迟到

按时睡觉起得早，天天上学不迟到。

见到老师问声好，见到同学问声早。

2.听老师读，小朋友演一演。

3.请小朋友一边读，一边演。

同伴一起来

1.同学之间互相比一比，看谁能天天按时上学，不迟到。

2.上学路上互相提醒，不在路上玩要，按时上学。

爸爸妈妈一起来

1.定闹钟，按时睡觉。

2.闹钟响，按时起床。

3.早餐后，按时上学。

4 上课

铃声响，进教室；
静坐好，等老师。

听课时，身坐直；
看前方，专心听。

要发言，先举手；
老师准，再张口。

发言时，声音响；
吐字清，慢慢说。

在课堂上，我们要遵守课堂纪律，认真听老师讲课，学习知识。

说一说

图中的同学谁做得对？谁做得不对？应该向谁学习？

做一做

1. 和老师一起读儿歌。

上课

上课铃声响，快步进课堂；不挤不碰不吵闹，静静坐在座位上。

书本放整齐，等待把课上；上课发言先举手，老师批准再张口。

2. 听老师读，同学演一演。
3. 请同学一边读，一边演。

同伴一起来

1. 同学之间互相比一比，看谁做得好。
2. 在同学的提醒下遵守课堂纪律。

爸爸妈妈一起来

放学后，给爸爸妈妈讲自己上课的表现。

5 你说我做

听一听，猜猜是什么动物的叫声。

听一听，猜猜这声音是什么交通工具发出来的。

说一说

一个同学说话，让另一个被蒙住眼的同学猜猜他是谁。

老师和一名同学同时说话，其他同学注意听老师说的什么。

做一做

老师说指令，学生做动作。

1. 单指令

- 静息，坐端，起立，举手。
- 1(静息)，2(坐端)，3(起立)，4(举手)。

2. 连续指令

- 做只大鹅，拍拍翅膀，伸伸脖子。
- 做只青蛙，摆摆腿，呱呱跳。

同伴一起来

同学之间互相说指令、做动作，比比谁做得又快又标准！

爸爸妈妈一起来

听爸爸妈妈说连续指令，你能听得清、做得对吗？

- 站起来,转个圈。
- 拿本子，拿笔，放在桌上，静息。

6 我好专心

什么是专心？

一心一意

专心下棋

专心听讲

专心做手工

专心做作业

专心是指一次只做一件事，认真做，做完才停止。

说一说

为什么要专心？

比一比	一心二用	一心一意
画一画	左手画圆，右手画方，同时进行	先画圆，后画方
数一数	数作业本有几页，同时回答老师的问题	先数作业本的页数，再回答老师的问题

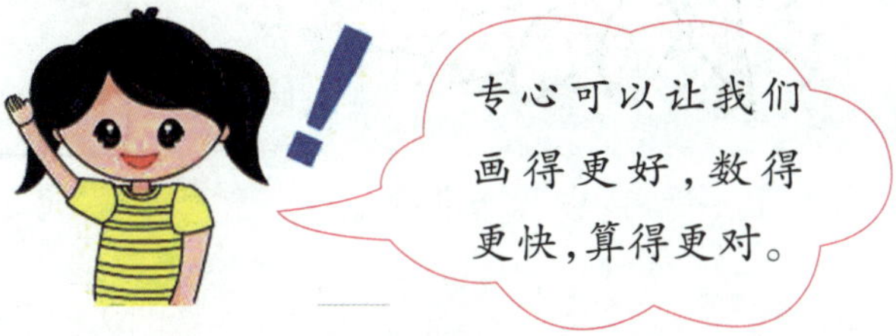

做一做

1. 划掉每组数中的“1”。

39271　74810　99690　70487　17511　57384　59175

44263　71854　85416　17255　82261　28495　89381

12387　23311　24611　24582　18485　65562　48591

同伴一起来

小伙伴们轮流来唱数“1,2,3,4,5,6,7,8,9”，唱到“3”的同伴只拍手，不出声。

爸爸妈妈一起来

爸爸妈妈说数，说到含“1”的数如“11，31，210”，你就拍拍手。

7 书写姿势

大拇指、食指、中指来握笔。

离笔尖约三厘米，笔身轻轻靠。

前三指带笔走。

后两指要稳住。

要想写字写得好，书写姿势很重要。

先要拿稳笔，再慢慢推送，五指配合好，写出漂亮字。

说一说

写字姿势歌

手离笔尖一寸高，胸离桌边一拳头，眼离书本一尺远。

- 头正、肩平、身直。
- 胸距桌一拳。
- 两脚放平。

做一做

学写字，坐端正，背挺直。

两边平，放轻松，快乐写字。

同伴一起来

1. 请同学帮忙看看自己的书写姿势是否规范。
2. 做课堂作业时，同桌互相纠正写字姿势。

爸爸妈妈一起来

1. 在家里摆一摆书写姿势，让爸爸妈妈看看姿势是否规范。
2. 在家里书写作业时，请爸爸妈妈纠正写字姿势。

8 拼一拼

前音轻短，后音重，两音相连猛一碰。

l — ǔ → lǔ　　j — ǘ → jú　　m — éi → méi

n — ǚ → nǚ　　l — ǎo → lǎo　　ch — ún → chún

声母轻，介母快，韵母响，三音相连猛一碰。

c — u — ò → cuò　　n — i — ǎo → niǎo

g — u — ài → guài　　h — u — āng → huāng

q — i — óng → qióng　　sh — u — ǎ → shuǎ

说一说

小 ü 遇见 j、q、x，去掉两点还念 ü 。

n — ǚ →（　　）　　q — ǖ →（　　）

l — ǔ →（　　）　　x — ǖ →（　　）

g — ǔ →（　　）　　h — ǔ →（　　）

j — ǖ →（　　）　　l — ù →（　　）

做一做

听老师读顺口溜，写声母、韵母。

嘴巴圆圆	两个门洞	小鱼吐泡	牙齿对齐	右上半圆

同伴一起来

和同学一起拼读下面的音节，然后把它和对应的图片相连。

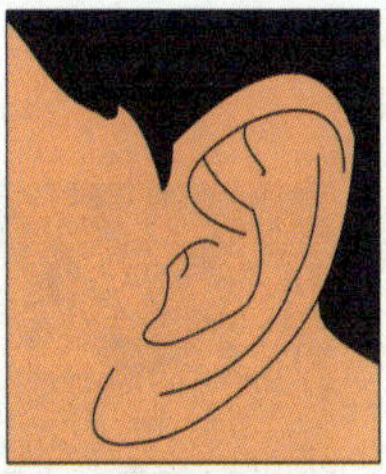

ěr duo　　　　là zhú　　　　chá hú　　　　jú huā

爸爸妈妈一起来

1. 和爸爸妈妈一起制作拼音卡片。
2. 和爸爸妈妈一起阅读带拼音的幼儿读物。

9 下课

下课了，要先去上厕所。

下课了，上下楼梯靠右行。

下课了，做好下一节课的准备，把书本文具放整齐。

下课了，和同学们一起玩耍。

下课了，我们要先去上厕所，

做好下一节课的准备，然后再去玩。

玩耍的时候一定要注意安全哦！

说一说

1. 仔细看下图，说说上下楼梯时谁靠右行了，谁没有靠右行。

2. 仔细看下图，说说下课后他们在做什么，还可以做哪些活动。

做一做

下课了，先上厕所，注意上下楼梯靠右行；然后做好下节课的准备，书本文具放整齐；最后和同学们一起玩耍。

同伴一起来

同学们说一说课间喜欢做什么游戏，投票选择一个最受欢迎的游戏，大家一起玩。

爸爸妈妈一起来

爸爸妈妈教小朋友两三个课间游戏，小朋友多练习，把它们玩熟练。

10 比一比

数一数，算一算

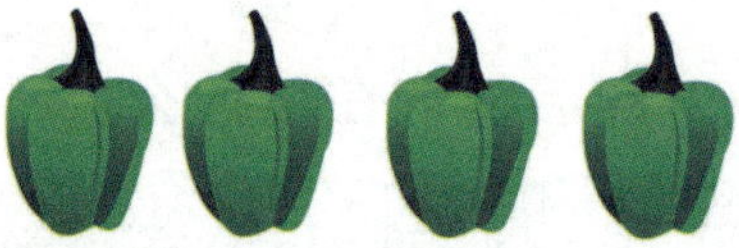

香蕉有(　　)个，辣椒有(　　)个。

香蕉比辣椒多(　　)个，辣椒比香蕉少(　　)个。

茄子有(　　)个，辣椒有(　　)个。

茄子比辣椒多(　　)个，辣椒比茄子少(　　)个。

试一试

○ ○ ○ ○ ○

□ □ □ □ □ □ □ □

○有(　　)个，□有(　　)个。

○比□少(　　)个，□比○多(　　)个。

练一练

有(　　)朵，有(　　)只。

蜜蜂比花多(　　)只，花比蜜蜂少(　　)朵。

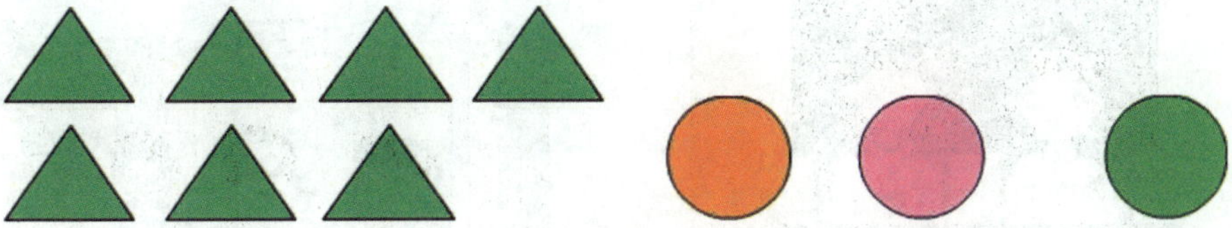

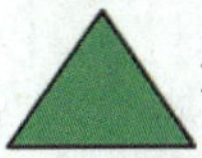有(　　)个，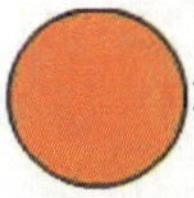有(　　)个。

比圆形多(　　)个，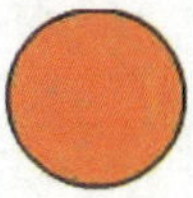比三角形少(　　)个。

同伴一起来

用实物和同学一起比较十以内数的大小。

爸爸妈妈一起来

爸爸妈妈用实物考考小朋友十以内数的大小。

11 我的一天

按时起床

告别家人去学校

好好学习

放学路上

吃晚饭

按时睡觉

每天我都要做好多的事情，充实又快乐。

排一排

下面几幅图的正确顺序是什么？

①

②

③

④

⑤

⑥

同伴一起来

填写右边的《课程表》。

课程 \ 星期		星期一	星期二	星期三	星期四	星期五
上午	1					
	2					
	3					
	4					
下午	5					
	6					
备注						

爸爸妈妈一起来

放学后，按照课程表给爸爸妈妈讲一讲，今天上了哪些课，你做了些什么？

12 10的加减法

数一数，算一算

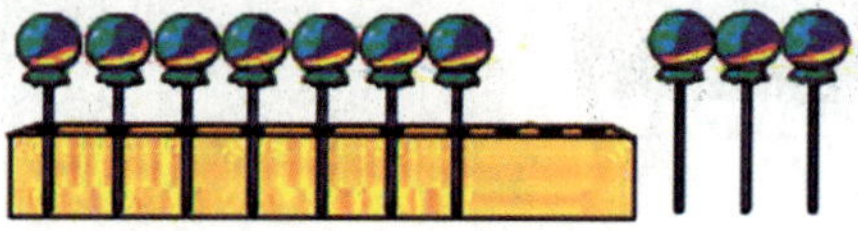

7+3=(　　)　　3+(　　)=10

10−7=(　　)　　10−(　　)=7

画一画，填一填

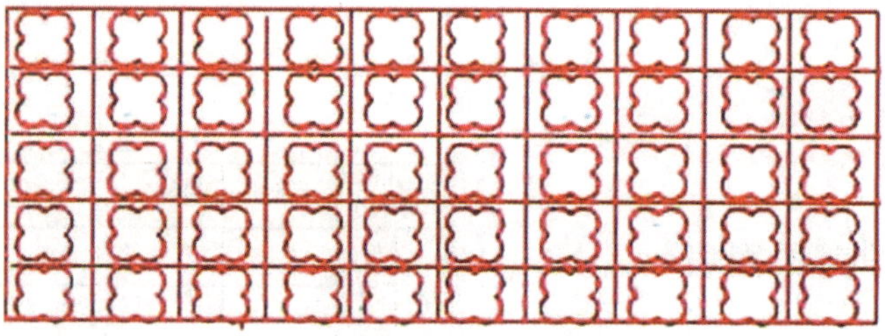

(　　)+(　　)=10　　10−(　　)=(　　)

分一分

10

1	9
2	8

试一试

2＋8＝(　　)　　　　8＋2＝(　　)

10－8＝(　　)　　　　10－(　　)＝8

练一练

1＋(　　)＝10　　　　9＋1＝(　　)

10－9＝(　　)　　　　10－(　　)＝9

4＋6＝(　　)　　　　5＋(　　)＝10

10－7＝(　　)　　　　10－(　　)＝6

同伴一起来

一人先说一个1~9中的任意数，另一个伙伴说出与前一个数组成10的数。

爸爸妈妈一起来

爸爸妈妈随意说1~9中的一个数，孩子说另一个数组成10。

13 收拾书包

整洁的书包

凌乱的书包

我们每天要收拾书包

说一说

哪些东西可以放在书包里面？哪些东西不能放在书包里面？

做一做

我先将书放进书包。

我再将作业本放进书包。

接着,我将笔等文具放进文具盒。

最后,名将文具盒放进书包。

看,我的书包收拾得整整齐齐。

同伴一起来

比一比,谁的书包更整洁？

爸爸妈妈一起来

爸爸妈妈提醒孩子,每天在家做完作业后收拾整理好书包。

14 词语大集合

连一连

豆角　　作业本　　苹果　　花猫　　萝卜　　桃子

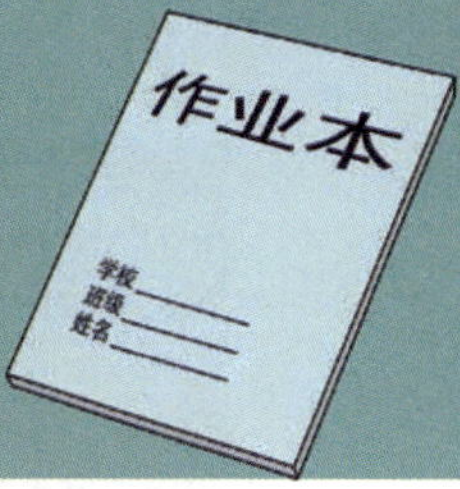

填上合适的量词

一(　　)花　　一(　　)扇子　　一(　　)书　　一(　　)裙子

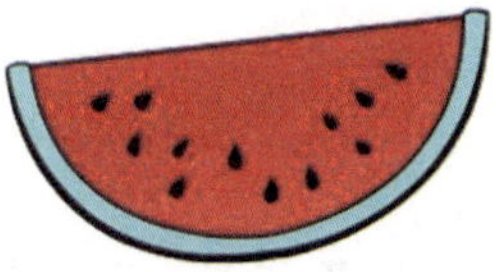

一(　　)鞋　　一(　　)西瓜　　一(　　)车　　一(　　)黄牛

填一填，选一选

1.1月1日是____节　3月8日是____节　5月1日是____节

6月1日是____节　9月10日是____节　10月1日是____节

2.在正确的量词下面画“√”。

一(只　座)小狗

一(只　条)小鸡

一(个　座)石桥

一(只　朵)白云

一(把　只)雨伞

一(棵　朵)野花

一(条　个)大河

一(只　棵)小树

一(个　只)小鸟

一(条　个)木船

3.连一连。

青青的	窗
白白的	门
宽宽的	瓦
大大的	墙

小小的	船儿
蓝蓝的	天空
弯弯的	星星
闪闪的	月亮

同伴一起来

同桌之间交换刚才做的练习，相互检查填得对不对。

爸爸妈妈一起来

1.说一说每个节日是怎么过的。

2.和爸爸妈妈一起在生活中认读学过的词语。

15 大扫除

做一做

扫地

擦桌子

擦窗子

整理桌椅

我们在教室里学习、玩耍，

教室是我们的另一个家，

我们要给这个家做个大扫除，让它既干净又整洁。

说一说

1. 大扫除要做哪些事？

2. 这些事中，你会做什么？不会做什么？

同伴一起来

同学之间互相帮助，做好教室清洁。

爸爸妈妈一起来

放学后，向爸爸妈妈学习怎样扫地、擦桌子、倒垃圾。

16 分一分

圈一圈

1. 下列物品中，有的是水果，有的是蔬菜，请把水果圈起来。

2. 下列动物中，有的在天上飞，有的在水里游，请把天上飞的圈起来。

试一试

玩具有：________________

文具有：________________

服饰有：________________

练一练

把天上飞的交通工具圈起来。

同伴一起来

1. 说一说蔬菜有哪些。
2. 说一说水果有哪些。
3. 说一说动物有哪些。

爸爸妈妈一起来

收衣服时，把爸爸、妈妈和自己的衣服分别放好。

17 我的老师

老师在上课。

早上见到老师说："老师，早上好！"

放学时说："老师，再见！"

老师教给我知识，教我做一个好学生。

老师关心我，表扬我做得好的方面，帮助我改正做得不好的方面。

我爱老师，老师爱我。

说一说

早上上学时，要向老师说：__________。

下午放学时，要向老师说：__________。

做一做

1. 在上学、放学时，记得向老师问好和说再见。
2. 在节日的时候，做一件令老师开心的事情（例如说一句祝福语等）。

同伴一起来

和同学一起说说我们有哪些老师。

爸爸妈妈一起来

告诉爸爸妈妈你的班主任是谁，还有哪些老师。

18 汉字魔术师

加一笔，就能变成新字。

十（ 土 ）　　口（　　）　　人（　　）

日（　　）　　王（　　）　　干（　　）

去一笔，也能变成新字。

禾（ 木 ）　　太（　　）　　天（　　）

田（　　）　　目（　　）　　百（　　）

一个字加另一个字，变成新字。

木+几=（ 机 ）　　月+月=（　　）

日+月=（　　）　　户+方=（　　）

田+力=（　　）　　小+大=（　　）

分一分，成新字，再组词。

新 亲（亲人）　　早 ____（　）

　 斤（公斤）　　　 ____（　）

妈 ____（　）　　房 ____（　）

　 ____（　）　　　 ____（　）

同伴一起来

1. 把汉字移到对应的花朵上。

也　火　目　头　公　子

2. 扩词 。

爸爸妈妈一起来

1. 选字组词。

孩(子　了)　　(月　日)亮　　(禾　木)头

(天　大)上　　(口　中)国　　(女　火)孩

2. 和爸爸妈妈一起制作第一册语文书中的生字卡，并根据学习进度练习认读。

19 我的同学

同学们在上课。

见面时说："同学好！"

离别时说："同学再见！"

同学们和我一起学习，一起参加各种活动。

同学们关心我，和我聊天，陪我玩。

我爱同学们，同学们爱我。

说一说

早上上学时，要向同学说：____________。

下午放学时，要向同学说：____________。

做一做

小朋友们演一演，怎样和同学打招呼、问好、说再见。

同伴一起来

同学之间相互介绍自己的姓名。

爸爸妈妈一起来

1. 告诉爸爸妈妈，你认识了班上的哪些同学。

2. 每天和爸爸妈妈一起，在上学、放学时向同学说早上好和说再见。

3. 在小区里和其他小朋友见面时能够说“你好”，和他们一起玩耍，离开时向小朋友说“再见”。

20 句子练习

谁在什么地方干什么？

例：小鸟____在天上____飞。

鱼儿____________游。

小鸡____________吃虫子。

青蛙____________唱歌。

飞机________________。

牛儿________________。

什么地方有什么？

例：公园____有美丽的花____。

学校________________。

森林里________________。

桌子上________________。

什么东西怎么样？

例：西瓜____又大又圆____。

公园里的花________________。

小白兔________________。

天上的白云________________。

________________真美啊！

说一说

把词语连成一句完整的话，说出来。

1. 小明　　好朋友　　和　　小红　　是

2. 开会　　爸爸　　坐车　　去

3. 天上　　在　　飞来飞去　　小鸟

做一做

把下列词语连成一句完整的话，并加上标点符号。

例：①游来游去　　②白鹅　　③在水里

白鹅在水里游来游去。

1. ①在草地上　　②玉米粒　　③吃着　　④白鸽

2. ①牛顿　　②地球　　③有吸引力　　④发现

同伴一起来

小朋友一起照例子说一说。

1. 乌鸦在大树上唱歌。
2. 狮子咬住了小猴的尾巴。
3. 奶奶生病了，我和妈妈去看望她。

爸爸妈妈一起来

和爸爸妈妈一起照例子说一说。

1. 国庆节的晚上，天安门广场上真热闹！
2. 风姑娘把信送给了谁？

21 升旗仪式

五星红旗是我国的国旗

升国旗，唱国歌

学校升国旗时，我们要立正敬礼。

少先队员行队礼，不是少先队员的行注目礼。

说一说

1. 哪些地方能看到五星红旗？

2. 你在哪里看到过升国旗？

做一做

同伴一起来

1. 与同学们一起唱国歌。

2. 同学们一起练习行队礼（或注目礼），互相纠正姿势。

爸爸妈妈一起来

收看有关升旗仪式的视频。

22 认识时钟

4时
4:00

7时
7:00

12时
12:00

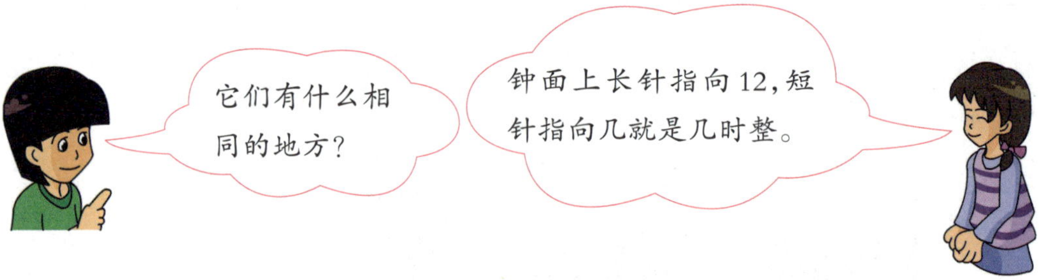

2时30分
2:30

6时30分
6:30

11时30分
11:30

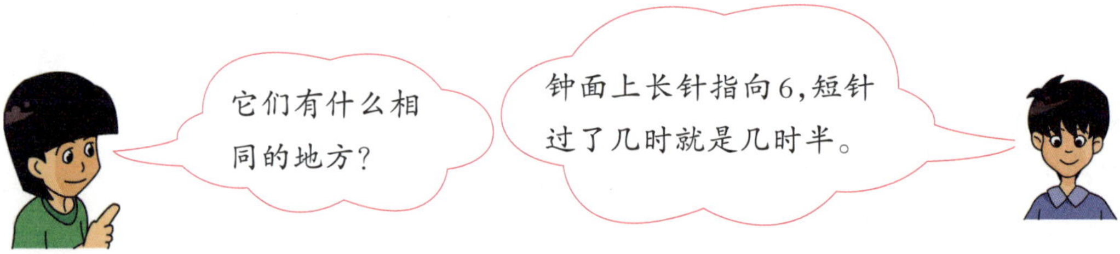

试一试

(　　):(　　)　　　　(　　):(　　)

练一练

说一说钟面的时刻，再写出来。

(　　):(　　)　　(　　):(　　)　　(　　):(　　)

同伴一起来

一人用学具时钟拨出不同的整时和半时，其余同学认一认。

爸爸妈妈一起来

和爸爸妈妈一起，用时钟认一认整时和半时。

23 记得快

记一记

合上书本，你还能回忆出有哪些水果吗？

合上书本，你还记得餐桌上有哪些吃的吗？

说一说

1. 老师连续报三组数，每组数由3个数字组成(例:2,5,8;5,6,7;8,9,0)，小朋友听完后，再说出来。

2. 老师连续报三组数，每组数由4个数字组成，小朋友听完后，再说出来。

3. 老师连续报三组数，每组数由5个数字组成，小朋友听完后默背1分钟，再说出来。

做一做

注意看老师出示的图片，记住黑点的位置哦！

把黑点画在下图对应的位置。

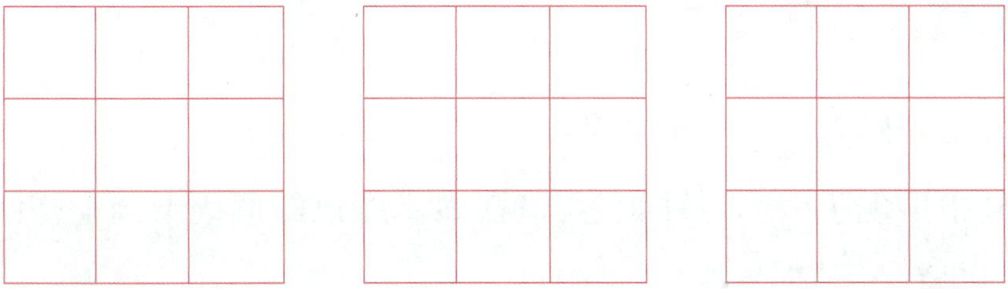

同伴一起来

同学们互相报电话号码，争取记住哦。

爸爸妈妈一起来

1. 爸爸妈妈说4个词语，让小朋友记住并说出来。

2. 爸爸妈妈说一句话，先说短句再说长句，让小朋友记住并说出来。

24 读美文

gěi dà dì mā ma qǐ míng zi
给大地妈妈起名字

dà dì mā ma chuān hóng yī wǒ jiào tā chūn tiān
大地妈妈穿红衣，我叫她春天，

dà dì mā ma chuān lǜ yī wǒ jiào tā xià tiān
大地妈妈穿绿衣，我叫她夏天，

dà dì mā ma chuān huáng yī wǒ jiào tā qiū tiān
大地妈妈穿黄衣，我叫她秋天，

dà dì mā ma chuān bái yī wǒ jiào tā dōng tiān
大地妈妈穿白衣，我叫她冬天。

说一说

1. 大地妈妈有（　　）个名字。
2. 文中出现了（　　）种颜色，请在表示颜色的词语下画上横线。
3. 一年有（　　）个季节，它们是_____、_____、_____、_____。
4. 你喜欢哪个季节？为什么？

qiū tiān lái le
秋天来了

qiū tiān lái le shù yè huáng le yí piàn piàn shù yè wǎng xià luò
秋天来了，树叶黄了，一片片树叶往下落。

qiū tiān lái le píng guǒ hóng le yòu yuán yòu dà guà zài shù shàng
秋天来了，苹果红了，又圆又大，挂在树上。

qiū tiān lái le tiān qì liáng le yì qún dà yàn wǎng nán fēi le
秋天来了，天气凉了，一群大雁往南飞了。

做一做

qiū tiān de biàn huà yǒu
秋天的变化有：

天气	红了
树叶	凉了
大雁	黄了
苹果	往南飞了

同伴一起来

和同伴一起说说春天、夏天、秋天、冬天的色彩。

爸爸妈妈一起来

1. 和爸爸妈妈一起去秋游，寻找秋天。
2. 和爸爸妈妈一起朗读课文。
3. 背诵书中的古诗。

25 大课间

大课间是属于我们的自由时光。

我们做操，玩游戏，做运动；

我们听从指令，遵守秩序，注意安全。

说一说

1. 大课间活动时，我们可以进行哪些活动？

2. 大课间活动时，我们应该注意些什么？

做一做

同伴一起来

1. 参与大课间活动。

2. 遵守活动规则，注意安全。

爸爸妈妈一起来

和爸爸妈妈一起练习学校大课间的活动项目。

26 20以内的进位加法

学一学

9 ＋ 3 = 12

9加几等于10？9加1等于10。于是就把3拿来分成1和2，9加1等于10，10加2等于12，也就是9加3等于12。

要算9加3，可以想大数数小数，从9起向后数3个数：10，11，12，刚好是12，所以9加3等于12。

试一试

9＋4＝　　7＋5＝　　6＋8＝

5＋9＝　　8＋7＝

练一练

5＋6＝　　8＋4＝　　6＋9＝

7＋4＝　　4＋9＝　　7＋6＝

8＋3＝　　9＋5＝　　6＋6＝

同伴一起来

一人出题，小组内其他人回答。（如：2＋9，9＋3，7＋5等）

爸爸妈妈一起来

回家给爸爸妈妈说说6＋5是怎么算的。

27 好朋友

互相打电话

见面要微笑、问好、握手

经常在一起玩

互相串门做客

一起写作业

一起上学

我和好朋友在一起很开心。

当我一个人的时候，我会想她们。

我愿意把好吃的、好玩的和她们分享。

说一说

1. 你的好朋友有哪些？
2. 你的好朋友们长什么样子？
3. 怎样才能交到更多的朋友？

做一做

1. 和老师一起读儿歌《找朋友》。
2. 老师读儿歌，我来演一演。
3. 玩《找朋友》的游戏。

找朋友

找呀，找呀，找朋友，
找到一个好朋友。
笑嘻嘻，握握手，
你是我的好朋友。
点点头，挥挥手，
你是我的好朋友，再见。

同伴一起来

和好朋友一起拍一张照片。

爸爸妈妈一起来

1. 听爸爸妈妈讲一讲他们的好朋友。
2. 给爸爸妈妈讲一讲自己的好朋友。

28 看图说话

说一说

用自己的语言将《别给陌生人开门》讲给同学们听。

别给陌生人开门

有一天，小明的爸爸妈妈出去办事了。小明一个人待在家里写作业。突然，他听到屋外传来“嘭、嘭、嘭”的敲门声，就把凳子搬到门边，站到小凳子上，从猫眼里往外看。他看见门外站着一个陌生的叔叔，就问：“你找谁？”叔叔说：“我是你爸爸的朋友，我来给他送一份文件。”小明说：“我爸爸不在，你下次再来吧！”叔叔说：“这份文件很急，你开开门，我把文件拿给你。”小明说：“那请把你的名字告诉我，我问问我爸爸。”叔叔说：“我叫张三。”小明马上给爸爸打电话，知道爸爸的朋友中没有叫张三的，就说：“我爸爸说他自己找你拿，你先走吧。”

做一做

1.仔细观察右边的图画，想一想：这是什么时候？在什么地方？有哪些小动物？发生了什么事？

2.演一演这个故事。

同伴一起来

下面的四幅图，每一幅图各讲了一个什么故事？分别发生在什么时候？什么地方？他们会说些什么?先自己说一说，再给同伴讲这个故事。

爸爸妈妈一起来

看图，先听爸爸妈妈讲故事，然后用自己的话讲给爸爸妈妈听。

29 我是少先队员啦！

我是中国少年先锋队队员。我在队旗下宣誓：我热爱中国共产党，热爱祖国，热爱人民，好好学习，好好锻炼，时刻准备着，为共产主义事业贡献力量！

说一说

少先队员可以做哪些事情？

扶老人过马路

给孕妇让座

积极回答问题

给花儿浇水

做一做

学唱《中国少年先锋队队歌》。

同伴一起来

和同学一起唱《中国少年先锋队队歌》。

爸爸妈妈一起来

和爸爸妈妈一起讨论，在家里怎么做才是一名优秀的少先队员。

例如：

1. 认真完成作业。
2. 帮助爸爸妈妈做家务。

部分参考答案

6　我好专心

说一说

参考活动：1. 首先让学生同时用左手画圆，右手画正方形；然后让学生用一只手先画圆，再画正方形。可以看出，用一只手画，会画得更好更快。2. 让学生一边数作业本有多少页，一边回答老师的问题（如：口算题）。然后让学生先数作业本的页数，再回答老师的问题。可以看出，专心做一件事会做得更快更好。

10　比一比

数一数，算一算

7；4；3；3

9；5；4；4

试一试

5；8；3；3

练一练

6；8；2；2　7；3；4；4

12　10的加减法

数一数，算一算

10；7；3；3

画一画，填一填

第一排划掉1个，第二排划掉2个，第三排划掉3个，第四排划掉4个，第五排划掉5个。

算式：1、9，9、1；2、8，8、2等

分一分

3,7;4,6;5,5

试一试

10;10;2;2

练一练

9;10;1;1;10;5;3;4

16　分一分

圈一圈

1. 柠檬、葡萄、桃子、菠萝

2. 鸽子、蝴蝶

试一试

玩具有:①②③⑥

文具有:⑧⑨⑪⑫

服饰有:④⑤⑦⑩

练一练

直升机、飞机

22　认识时钟

试一试

(5):(00);(12):(30)

练一练

(2):(00);(6):(30);(6):(00)

23　记得快

做一做

老师出示的图片

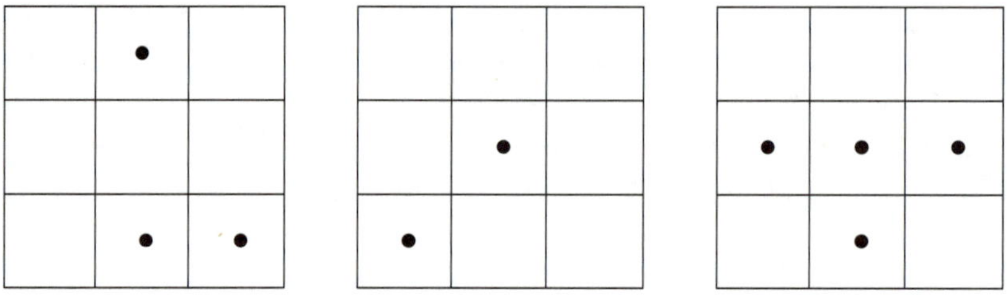

26　20以内的进位加法

试一试

13；12；14；14；15

练一练

11；12；15；11；13；13；11；14；12

特殊需求儿童

融合教育手册（上册）

主　　编：张文京

副 主 编：李　丹

本册统筹：李乐惠

本册编者：李　丹　李乐惠　杜艾静　吴燕毅　赵　婕

张纯英　胡中丽　胡加华　廖诗芳

绘　　图：张　昆　骆　阳　冯　婷

六年级

西南师范大学出版社

国家一级出版社　全国百佳图书出版单位

图书在版编目(CIP)数据

特殊需求儿童融合教育手册. 上册 / 张文京主编
. — 重庆 : 西南师范大学出版社, 2019.10
ISBN 978-7-5621-4822-7

Ⅰ. ①特… Ⅱ. ①张… Ⅲ. ①儿童教育 - 特殊教育 - 手册 Ⅳ. ①G76-62

中国版本图书馆CIP数据核字(2019)第220801号

特殊需求儿童融合教育手册·上册
TESHU XUQIU ERTONG RONGHE JIAOYU SHOUCE·SHANGCE

主　　编:张文京
副 主 编:李　丹

责任编辑:杨光明
责任校对:胡君梅
封面设计:起源
排　　版:重庆大雅数码印刷有限公司
出版发行:西南师范大学出版社
地址:重庆市北碚区天生路2号
邮编:400715
网址:www.xscbs.com
印　　刷:重庆荟文印务有限公司
幅面尺寸:185mm×260mm
印　　张:28.5
字　　数:380千字
版　　次:2019年12月　第1版
印　　次:2019年12月　第1次
书　　号:ISBN 978-7-5621-4822-7

定价(共六册):90.00元

衷心感谢被收入本书作品的作者对本书稿编写的热心帮助和支持,由于一些作者的姓名和地址不详,虽经编写团队多方努力,个别作者仍暂时无法取得联系,恳请相关作者与西南师范大学出版社联系(电话:023-68254356),以便办理署名、付酬等事宜。

给老师和家长的话

各位老师、家长：

你们好！这是提供给融合教育中有特殊教育需求的孩子的支持性学习手册。

本手册共12册，每学期一册，每册的学习内容与每学期的学科学习基本同步。每册有28课或29课，平均每周完成2课左右。全部手册包括三大部分内容：学校适应、学习活动、自我成长。其中，“学校适应”包含：适应学校环境、遵守学校常规、人际沟通、参与活动、品行；“学习活动”包含：学习能力、学习态度、学习策略；“自我成长”包含：自我引导、自我规划、自我评价、自我调控、自我增强。

本手册由教师、家长支持各位孩子在学校、家庭中实施。手册具有建议性、支持性，在使用过程中可以依据孩子的具体情况灵活选用，不必拘泥于某册某课。具体使用建议如下：

一、教师与家长沟通，家校合作

教师与家长沟通、家庭与学校合作是帮助特殊需求孩子获得有效学习的基础。

二、教师、家长以身作则

教师、家长应成为孩子的榜样。要求孩子做的，教师、家长要先做到。例如：不随地吐痰、走人行横道线等。教师、家长要时刻注意自己的言谈、举止、处事和待人之道。想培养有教养的孩子，需要有教养的教师和家长。

三、保持教师、家长教育的一致性，在“温柔的坚持”中实施教育

教师、家长应保持对学生教育态度和要求的一致性，共同秉承“温柔的坚持”的教育原则，面对规则要求不破例、不轻言放弃。

四、相互尊重、平等的教育教学

在教育教学中，教师、家长、孩子三者是平等与相互尊重的关系。教师与家长是支持者、信息提供者；孩子是问题提出者、主动学习者。教学双方共同参与，共同进步，共同分享。

五、在具体情境中关注行为习惯的养成教育

情境教学是学校、家庭、社区教育的首选。用餐时学餐饮礼仪，解题时教思维步骤等，以情境施教，在具体情境中关注行为习惯的养成教育。关注良好行为习惯的养成是教育教学的重点。

六、小步子、多重复、多感官，循循善诱

对特殊需求孩子的教育，常将整体、大问题分为小步进行。用总分总的思路，多次重复，调动眼、耳、口、鼻等多感官参与。教育教学时要心平气和，不急不躁，尝试多种方法，创造多种策略。

七、多鼓励表扬，给予成功的教育

在学校、家庭的教育中，“要这样做”应多于“不准这样做”，要表扬多于批评。不要让孩子有过多的挫败，而应创设成功的可能，多关心、鼓励和肯定。战胜困难后获得的成功最具推动力。

八、把握教育的度，让孩子自我选择，自己做决定

了解孩子的起点、水平、兴趣、需求、愿望，让孩子自我选择，自己做决定；给孩子承担责任的机会。教育要适量、适时、适度，不可不及，也不要太过。

九、教育最终让孩子成为他自己

家庭、学校教育的最终目的是顺应孩子的自然天性，让他成为他自己，成为一个独立、自主的人！

编者

给同学们的话

亲爱的同学们：

度过了愉快的暑假，你们已经是六年级的学生了，新的旅程即将开始！

诚信与责任将伴随你们一起旅行。你们将参与社区活动，与同伴一起协商，调整自己的情绪；学语文，学数学，学习解决日常生活中的问题；选择自己喜欢的中学……旅途中，你们既要学会保护自己，还要做个受欢迎的人！

同学们，请带上微笑快乐起航吧！相信在新学期里，你们会有越来越多的收获，会结识更多的朋友。你们可以开心地告诉大家：“学习真有趣！”

你们的大朋友

目 录

（六年级）

SCHOOL

开学啦

1 责任

想一想，议一议

说一说

1. 在学校，你的责任是什么？
2. 在家里，你的责任是什么？
3. 在社区，你的责任是什么？

同伴一起来

1. 比比谁的作业字迹更工整。
2. 做好教室、公共区域的清洁。
3. 爱护校园环境，看到垃圾捡起来，放到垃圾桶里。

爸爸妈妈一起来

1. 在爸爸妈妈的帮助下，学习自己的事情自己做。
2. 在爸爸妈妈的督促下，每天做2~3件家务事。

2 形近字组词

比一比，组成词语写下来

域(　　　　)	盎(　　　　)	叩(　　　　)
惑(　　　　)	盛(　　　　)	扣(　　　　)
姗(　　　　)	羔(　　　　)	炽(　　　　)
栅(　　　　)	糕(　　　　)	积(　　　　)
舷(　　　　)	杠(　　　　)	架(　　　　)
弦(　　　　)	缸(　　　　)	驾(　　　　)

同伴一起来

恒(　　　　)	崩(　　　　)	秆(　　　　)
桓(　　　　)	蹦(　　　　)	杆(　　　　)
贮(　　　　)	椭(　　　　)	数(　　　　)
伫(　　　　)	随(　　　　)	教(　　　　)
矫(　　　　)	汁(　　　　)	挽(　　　　)
娇(　　　　)	计(　　　　)	晚(　　　　)

涤（　　）	榕（　　）	妩（　　）
条（　　）	溶（　　）	抚（　　）
圳（　　）	茵（　　）	湘（　　）
训（　　）	菌（　　）	相（　　）
凯（　　）	迄（　　）	偿（　　）
皑（　　）	屹（　　）	尝（　　）
估（　　）	酵（　　）	胭（　　）
姑（　　）	哮（　　）	咽（　　）
抡（　　）	斧（　　）	瓷（　　）
伦（　　）	爷（　　）	瓶（　　）
琳（　　）	琅（　　）	梧（　　）
淋（　　）	浪（　　）	捂（　　）

爸爸妈妈一起来

1. 和爸爸妈妈一起区分学过的形近字。

2. 听写六年级语文上册的生字、词语。（可根据孩子的实际情况适当删减）

3 分数乘法

本次辅助学习活动是在学习了分数乘整数、分数乘分数基础上的综合练习，旨在通过此类活动让学生进一步理解分数乘整数、分数乘分数的计算方法，能熟练地对分数乘整数、分数乘分数进行正确计算。

学一学

看图写算式，表示图中的阴影部分。

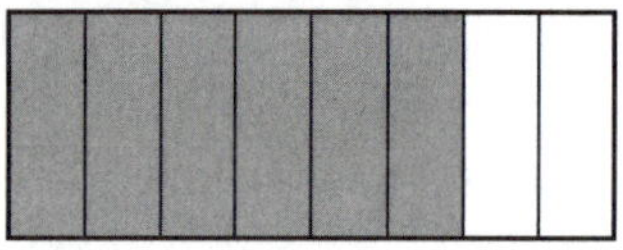

加法算式：$\frac{1}{8}+\frac{1}{8}+\frac{1}{8}+\frac{1}{8}+\frac{1}{8}+\frac{1}{8}=\frac{6}{8}=\frac{3}{4}$

乘法算式：$\frac{1}{8}\times 6=\frac{6}{8}=\frac{3}{4}$

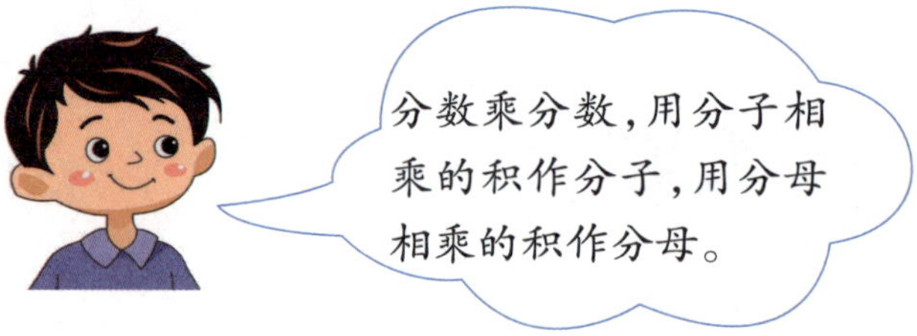

练一练

$\frac{2}{3}\times\frac{2}{3}=$　　$\frac{1}{8}\times4=$　　$\frac{5}{12}\times0=$　　$\frac{4}{7}\times\frac{3}{4}=$

$16\times\frac{1}{2}=$　　$1\times\frac{6}{5}=$　　$\frac{5}{9}\times63=$　　$\frac{5}{6}\times\frac{6}{7}=$

同伴一起来

同学之间互相练习说分数的运算法则：

分数乘整数时，用分数的分子和整数相乘的积作分子，分母不变。（要约成最简分数）

分数乘分数，用分子相乘的积作分子，用分母相乘的积作分母，能约分的要约成最简分数（在计算中约分）。

分数的分子和分母不能为零。

爸爸妈妈一起来

分数乘法运算法则可以帮我们解决生活中的很多问题。

如：一根铁管长6米，需要截取其中的$\frac{2}{3}$制作护栏，请问截取的长度是多少米？

解答：$6\times\frac{2}{3}=4$（米）

所以，截取的长度为4米。

4 我要当守门员

读一读

教练在球场边分配角色，有人要做后卫，有人要当前锋等。当教练举起守门员的牌子时，有几个队员举手表示都想当。

教练让举手的队员们凑在一起商量选出一名队员做守门员。选出的守门员走出队伍。

守门员认真守在球门前，看着场上的队员们正努力地为自己的球队拼搏着。

球场上的每一个人都很重要，无论是前锋、中锋、后卫，还是守门员。每一个人都可以为球队做贡献。我们要全力拼搏，为球队的获胜做贡献。

说一说

下面两幅图中的队员们表现一样吗？如果我们遇到类似的事情，又该怎么做呢？

做一做

在学校，我们要听老师的话，热爱集体，有事情多和同学、老师沟通、商量，学会与人合作。

在家里，我们要听爸爸妈妈的话，多和爸爸妈妈沟通交流。

同伴一起来

1. 在集体活动中，注意听取老师的指挥和安排，与同学合作、商量，避免不顾集体合作精神，自己想怎么做就怎么做。

2. 在集体活动中，能顾全大局，主动与同学合作、商量，共同完成任务。

爸爸妈妈一起来

在家里，对于自己想做的事情，也要善于听取爸爸妈妈的意见，避免一意孤行。

5 生活超市

学一学

生活超市给我们的生活带来了诸多方便。在生活超市里，我们可以买菜、买水果、买生活用品……

在生活超市里，我们先仔细挑选自己要买的东西，放在购物篮里，然后到收银处排队付钱。

在生活超市里，我们不能乱扔垃圾，不能随地吐痰，不买的商品尽量放回原处，不吃没付钱的食物。

说一说

1. 讲一讲生活超市给我们的生活带来哪些便利。

2. 说一说我们在生活超市里应该怎么做。

同伴一起来

同学之间互相交流逛生活超市的经历。

爸爸妈妈一起来

1. 爱护生活超市的公共卫生，如不在超市随地吐痰，不乱扔垃圾等。

2. 不随便打开超市商品的包装，不买的商品尽量放回原处。

3. 在等待收费时，要安静、有礼貌。

6 多音字练习

做一做

给下列多音字注音并组词。

重 __（　　） __（　　）	似 __（　　） __（　　）	载 __（　　） __（　　）
杆 __（　　） __（　　）	校 __（　　） __（　　）	曲 __（　　） __（　　）

同伴一起来

给下列多音字注音并组词。

兴 __（　　） __（　　）	觉 __（　　） __（　　）	强 __（　　） __（　　）
恶 __（　　） __（　　）	将 __（　　） __（　　）	舍 __（　　） __（　　）
相 __（　　） __（　　）	哄 __（　　） __（　　）	盛 __（　　） __（　　）

爸爸妈妈一起来

给下列多音字注音。

1. 尽管他生活一直没宁(　　)静过，但他宁(　　)死不屈，也不息事宁(　　)人。

2. 天气暖和(　　)，小和(　　)在家和(　　)泥抹墙。他讲原则性，在是非面前从不和(　　)稀泥，也不随声附和(　　)别人，更不会在麻将桌上高喊："我和(　　)了。"

3. 省(　　)长李大强如能早些省(　　)悟，就不至于气得不省(　　)人事了。

4. 他那像哄(　　)小孩似的话，引得人们哄(　　)堂大笑，一哄(　　)而散。

5. 他每次出差(　　)，差(　　)不多都要出点儿差(　　)错。

6. 鱼拼命挣扎(　　)，鱼刺扎(　　)破了手，他随意包扎(　　)了一下。

7. 他自己懒散，却总是埋(　　)怨别人埋(　　)头工作。

8. 盛(　　)老师盛(　　)情邀我去她家做客，吃饭时还帮我盛(　　)饭。

9. 银行(　　)发行(　　)股票，报纸刊登行(　　)情。

10.《鸿门宴》是汉代传(　　)记，而不是唐代传(　　)奇。

7 分数除法

本次辅助学习活动是同学们在学习了分数除以整数、分数除以分数基础上的综合练习，旨在通过此类活动让同学们进一步理解分数除以整数、分数除以分数的计算方法，能熟练地对分数除以整数、分数除以分数进行正确计算。

学一学

$20\div\frac{4}{5}=20\times\frac{5}{4}=25$（吨）

试一试

$\frac{3}{7}\div5=\frac{3}{7}\times$(　　) = (　　)　　$\frac{2}{3}\div\frac{1}{2}=\frac{2}{3}\times$(　　) = (　　)

练一练

$\frac{2}{3}\div 6=$　　$5\div\frac{1}{2}=$　　$\frac{2}{3}\div\frac{1}{2}=$

$10\div\frac{5}{4}=$　　$\frac{4}{5}\div\frac{2}{5}=$　　$\frac{3}{4}\div\frac{3}{2}=$

同伴一起来

同学之间互相交流分数除法怎样计算。

一个分数除以另一个分数就是乘以这个分数的倒数。

如：

$\frac{9}{8}\div\frac{9}{8}=\frac{9}{8}\times\frac{8}{9}=1$

爸爸妈妈一起来

1. 爸爸妈妈一起来复习：什么是分数除法？

分数除法是分数乘法的逆运算。

2. 爸爸妈妈一起复习分数除法计算法则。

甲数除以乙数（0除外），等于甲数乘乙数的倒数。当除数小于1，商大于被除数；当除数等于1，商等于被除数；当除数大于1，商小于被除数。

8 情绪处理

读一读

有一个小男孩叫杰克，脾气很是暴躁，不能够控制自己的情绪，每天总是大发脾气，不是和班里的同学吵架，就是和邻居的孩子们打得不可开交。他还几次和老师、自己的妈妈、外祖父、外祖母顶嘴，大声争辩。

父亲为了改变他这种情况，一天拿来一大把铁钉和一把小锤子对他说："杰克，你以后想要发怒的时候就跑到门口的那根粗木桩那里，用这把锤子狠命地砸进去一颗钉子，想发怒一次就钉一颗钉子。"

小男孩很高兴地接过了钉子和锤子，于是每当他想发怒的时候就跑到家门口的木桩那里，狠命地砸进去一颗铁钉，最多的一天他甚至向木桩里钉进去100颗钉子。每当他没有了钉子就找父亲要，父亲很爽快地就给他了。慢慢地，小男孩对钉钉子感到非常厌烦了。

有一天，父亲对他说："杰克，每当你感到心情不错时就从木桩上取下一颗钉子吧！"听完了父亲的话，小男孩就走到木桩那儿取下了一颗钉子。他发现，取出钉子要比钉钉子难多了。从那一天开始，小男孩每天往大木桩上钉的钉子越来越少，而取出的钉子越来越多了。终于有一天，他不再向木桩上钉钉子了。那天，父亲表扬了他，小男孩心里喜滋滋的。

直到有一天，小男孩把所有的钉子都取出来了。父亲带他来到那根大木桩跟前，对小男孩说："你知道取钉子比钉钉子难了吧？同样地，责备辱骂一个人是一件很简单的事，可想要重新获得友谊却很难。你再看看这根木桩，虽然你把所有的钉子都取了出来，可你钉钉子留下的伤痕却永远去不掉了。不要轻易伤害你的亲人和朋友，因为这种伤害即使再怎么弥补，不论过多少年，它的伤痕永远也去不掉。"

说一说

读了这篇文章，你知道了什么？

同伴一起来

归纳总结控制情绪的方法，同学之间互相交流。

爸爸妈妈一起来

1.和爸爸妈妈一起收看"做情绪主人"的相关视频，学习控制自己的情绪。

2.家长在家做好孩子的榜样，一起学习控制情绪。

9 参与社区活动

做一做

美化社区

迎新年

爬山

尊老敬老

社区是我们每个人生活的大家庭，我们是社区的一分子。我们要积极参加社区的活动，还要努力为社区做贡献！

说一说

1. 上图中画了哪些社区活动？

2. 你参与过社区活动吗？如果有，参与过哪些呢？你是怎么做的呢？

同伴一起来

和同学一起去打扫社区卫生。

爸爸妈妈一起来

和爸爸妈妈一起去敬老院看望老人，然后交流自己的感受。

10 词语练习

填一填

选词填空。

1.爱护　爱惜　珍惜

他从小就养成了(　　)书籍的习惯。

他十分(　　)时间,一分钟也不让它白白地浪费掉。

2.安静　宁静　平静　寂静

老师来了,教室里立刻(　　)下来。

海上有一轮明月,照着(　　)的海面。

他头往后仰着,冰冷发青的脸上显出死的(　　)。

3.维持　保持　保护

渔夫起早贪黑地干,还(　　)不了一家人的生活。

他始终(　　)着艰苦朴素的优良作风。

4.埋怨　抱怨

事后,他(　　)自己考虑不周到。

他老是(　　)别人对他不尊重。

想一想

一、找出每组合适的答案,在下面画一条横线。

1.鸟蛋对雏鸟

种子对　(1)树木　(2)花朵　(3)幼芽　(4)树根

2.声音对耳朵

味道对　(1)香甜　(2)口腔　(3)牙齿　(4)舌头

3. 绿色对颜色
铅笔对 （1）文具 （2）钢笔 （3）木材 （4）铅笔盒
4. 良药对苦口
忠言对 （1）顺耳 （2）刺耳 （3）逆耳 （4）悦耳
5. 成果对努力
收获对 （1）除草 （2）播种 （3）施肥 （4）耕耘
6. 早晨对朝阳，正如黄昏对（ ） 7. 雨天对潮湿，正如晴天对（ ）
8. 失败对痛苦，正如成功对（ ） 9. 陌生对熟悉，正如随便对（ ）

二、把下列句子补充完整。

1.（ ），匹夫不可夺志也。
2. 但愿人长久，（ ）。
3. 与人方便，（ ）。
4.（ ），必有我师焉。

同伴一起来

按要求写词语。
AABB：清清楚楚 ＿＿＿＿ ＿＿＿＿
含有“月”字：月明星稀 ＿＿＿＿ ＿＿＿＿
含有“日”字：旭日东升 ＿＿＿＿ ＿＿＿＿
含有动物：鸡犬不宁 ＿＿＿＿ ＿＿＿＿
描写神态：眉开眼笑 ＿＿＿＿ ＿＿＿＿
描写心情：心花怒放 ＿＿＿＿ ＿＿＿＿
含有“情”字：情投意合 ＿＿＿＿ ＿＿＿＿

爸爸妈妈一起来

补充歇后语或俗语。
八仙过海——（ ） 亡羊补牢——（ ）
雨后春笋——（ ）

11 圆的周长

本次辅助学习活动旨在进一步帮助同学们理解和掌握圆的周长公式，并能正确计算圆的周长和解答简单的实际问题。

学一学

1. 一个圆桌的半径为1米，它的周长是多少米？

$2\times3.14\times1=6.28$(米)

答：它的周长是6.28米。

2. 一辆自行车的轮胎外直径为60厘米，它的周长是多少厘米？

$3.14\times60=188.4$(厘米)

答：它的周长是188.4厘米。

试一试

判断(对的打“√”,错的打“×”)。

1. $\pi=3.14$。(　　)

2. 计算圆的周长必须知道圆的直径。(　　)

3. 只要知道圆的半径或直径,就可以求圆的周长。(　　)

练一练

求下面各圆的周长。

(1) $d=2$ 米　　(2) $d=1.5$ 厘米　　(3) $d=4$ 分米

(4) $r=6$ 分米　　(5) $r=1.5$ 厘米　　(6) $r=3$ 米

同伴一起来

同学之间互相背圆的周长公式。

爸爸妈妈一起来

在知道半径和直径的情况下求圆的周长。

12 学会夸奖

读一读

有一个学生要读初中了。

老师叮嘱他："你要和老师、同学搞好关系。"

这个学生说："老师请放心吧，我会经常夸别人。"

老师不放心，到这个学生家去串门，想看看他是怎么夸奖别人的。

学生对东边的大婶说："大婶，早啊，看你容光焕发，今天打牌肯定会赢钱的。"

学生对西屋的阿伯说："阿伯，你这件新衣服很合体，很好看。"

大婶和阿伯被她夸奖了都很开心。

老师很生气，拉着脸说："你怎么能耍这些小聪明呢！"

于是，学生又对老师说："老师是大智慧，像老师这样贴心教导学生的人，再也找不出来第二个了。"

老师听了也高兴起来。

学生心里也乐呵呵的，想："嗯，学会了夸奖真好！"

辨一辨

请问：下面哪一种情况是夸奖？是的就用"√"表示，不是的就用"×"表示。

1. 你的新鞋真酷！（　　）

2. 嘿，胖嘟嘟的小脸真是可爱！（　　）

3. 你皮肤黑黑的，看上去很健康！（　　）

4. 如果你的字写得再好一点儿就好了。（　　）

5. 你上课能遵守纪律吗？（　　）

6. 你好认真地在开小差呀！（　　）

7. 你上课好认真啊！（　　）

8. 我越来越喜欢你了！（　　）

9. 你对人真好！（　　）

10. 你的字写得不错哟！（　　）

11. 这衣服很好看，不过不适合你。（　　）

同伴一起来

爸爸妈妈一起来

和爸爸妈妈一起学习在生活中夸奖别人。

13 句式练习

写一写

按要求写句子。

1. 小溪哗啦啦地流淌着。

改为比喻句：________

改为拟人句：________

2. 为了把祖国建设得更强盛，我们应该努力学习。

改为反问句：________

3. 人的"聪明"与"愚笨"，难道是天生的吗？

改为陈述句：________

4. 把下面句子改成用"把"字和"被"字的句子。

姐姐送给我一件很有意义的礼物。

改为把字句：________

改为被字句：________

5. 昨天你不是送来了一封鸡毛信吗？（换种说法，意思不变）

____

6. 悠扬的琴声被我的思路打断了。（修改病句）

____

同伴一起来

读下面的句子，看看是用什么方法修饰的，再仿写两个句子。

（1）飞机排成"人"字形，像银燕一样飞过天空。

____

____

(2)高粱涨红了脸,稻子笑弯了腰。

(3)他是那么平凡,那么朴素,那么纯真,那么谦虚。

(4)茉莉花开,香飘万里。

爸爸妈妈一起来

把下面排列错乱的句子重新排列。

1.

(　　)"不会吧,天气不是很好吗?"蜜蜂不相信蚂蚁的话。

(　　)一群蚂蚁正忙着把食物往高处的新家里搬。

(　　)"天气变了,一会儿就要下雨了,你赶快回家吧!"一只蚂蚁回答。

(　　)一只蜜蜂看见了,飞过来问:"蚂蚁弟弟,你们为什么搬家呢?"

(　　)蜜蜂唱着歌往家飞,一点儿也不着急,忽然乌云密布,很快就下起了大雨。

2.

(　　)肖邦从小就喜欢音乐,他六岁开始练习钢琴,八岁就举办演奏会了。

(　　)当时的人,都惊讶于他的音乐天赋,争着要为他出版呢。

(　　)在他十五岁那年,就已经写成了第一首圆舞曲。

(　　)他出生在波兰的首都华沙,父亲是一位教师。

14 圆的面积(一)

本次辅助学习旨在进一步帮助同学们掌握圆的面积计算公式,能根据圆的半径、直径、周长计算圆的面积。

学一学

修建一个半径是10米的圆形鱼池,它的占地面积是多少平方米?

$3.14\times10\times10=314$(平方米)

答:它的占地面积是314平方米。

试一试

一个圆形花坛,半径是6米,绕花坛走一周是多少米?花坛的占地面积有多少平方米?

练一练

图形	半径(dm)	直径(dm)	周长(dm)	面积(dm^2)
圆	4			
		10		
			12.56	

同伴一起来

同学之间互相背圆的面积公式。

爸爸妈妈一起来

在爸爸妈妈的指导下，在知道半径、直径或周长的情况下求圆的面积。

15 自我监控提问单

试一试

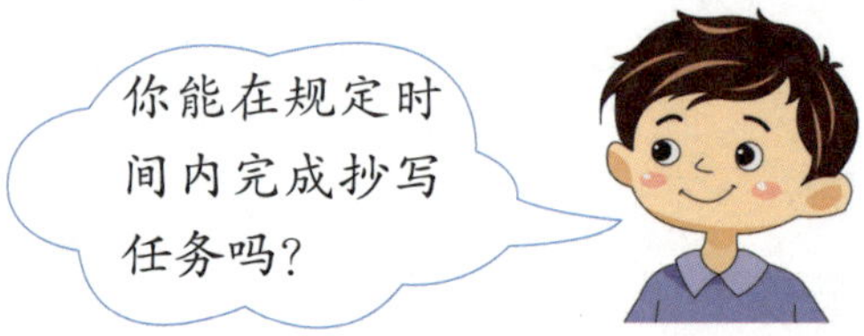

人有两件宝，双手和大脑。双手会做工，大脑会思考。

用手不用脑，事情做不好。用脑不用手，啥也做不好。

用手又用脑，才能有创造。一切创造靠劳动，劳动要用手和脑。

用五分钟抄写上面的文字。

____

____

____

____

____

____

填一填

自我监控提问单

1. 我能在规定的时间内完成任务吗？（　　）

2. 我的字写得工整吗？（　　）

3. 写字时我玩东西了吗？（　　）

4. 写字时我抬头看其他地方了吗？（　　）

5. 有人和我说话，我理他了吗？（　　）

同伴一起来

在同学的帮助下再试一次。

自我监控提问单

1. 我能在规定的时间内完成任务吗？（　　）

2. 我的字写得工整吗？（　　）

3. 写字时我玩东西了吗？（　　）

4. 写字时我抬头看其他地方了吗？（　　）

5. 有人和我说话，我理他了吗？（　　）

爸爸妈妈一起来

在爸爸妈妈的帮助下拟订家庭“自我监控提问单”。

16 阅读（一）

做一做

阅读短文，完成练习。

太阳

我们看太阳，觉得它并不大，实际上它大得很，一百三十万个地球才能抵得上一个太阳。（　　）太阳离地球太远了，（　　）看上去只有一个盘子那么大。

太阳会发光，会发热，是个大火球。太阳的温度很高，表面温度有六千摄氏度，就是钢铁碰到它，也会变成气；中心温度估计是表面温度的三千倍。

太阳（　　）离我们很远，（　　）它和我们的关系很密切。有了太阳，地球上的庄稼和树木才能发芽，长叶，结果；鸟、兽、虫、鱼才能生存，繁殖。（　　）没有太阳，地球上（　　）不会有植物，（　　）不会有动物。我们吃的粮食、蔬菜、水果、肉类，穿的棉、麻、毛、丝，都和太阳有密切的关系。埋在地下的煤炭，看起来好像跟太阳没有关系，其实离开太阳也不能形成，（　　）煤炭是由远古时代的植物埋在地层底下变成的。

地球上的光明和温暖，都是太阳送来的。如果没有太阳，地球上将到处是黑暗，到处是寒冷，没有风、雪、雨、露，没有草木、鸟、兽，自然也不会有人。一句话，没有太阳，就没有我们这个美丽可爱的世界。

1.把下列关联词语填在括号里。

因为……所以……　……因为……　如果……就……也……　虽然……但是……

2. 第二、三、四自然段分别是围绕哪句话来写的？请用“________”勾出来。

3. 读了短文，我知道太阳有这些特点：________、________、________。

同伴一起来

仿照课文的表达造句。

没有……没有……没有……就没有……

____

____

爸爸妈妈一起来

和爸爸妈妈一起阅读课外书，积累好词佳句。

17 圆的面积（二）

本次辅助学习旨在进一步帮助同学们掌握圆的面积计算公式，通过计算折叠圆桌的面积，掌握把正方形面积转化成两个三角形面积计算的方法。

学一学

木工师傅把一个直径为1.2米的圆桌改成一个最大的方桌，锯下的边角料是多少平方米？

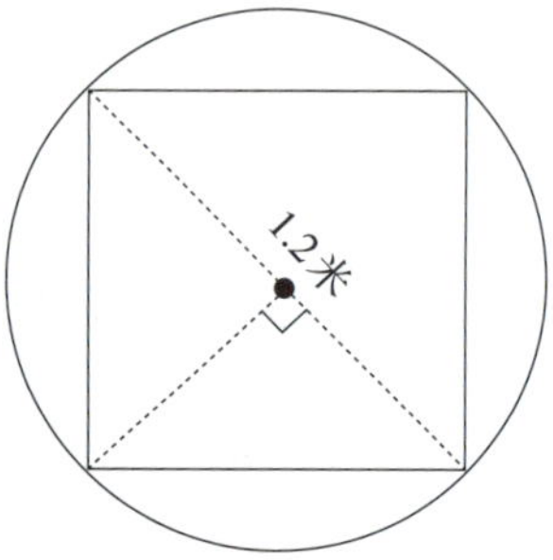

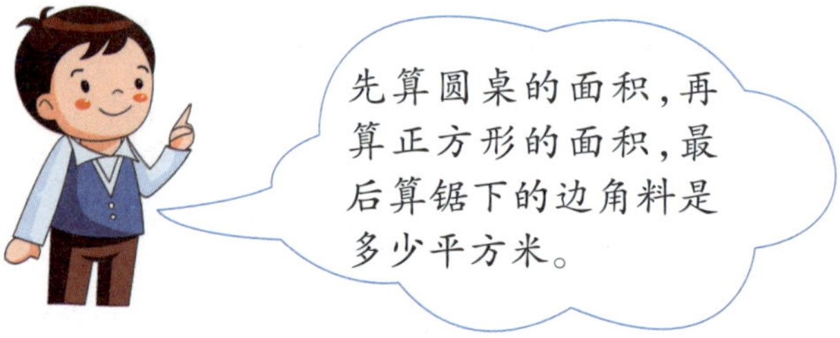

$3.14\times(1.2\div2)^2=1.1304$（平方米）

$1.2\div2=0.6$（米）

$1.2\times0.6\div2\times2=0.72$（平方米）

$1.1304-0.72=0.4104$（平方米）

答：锯下的边角料是0.4104平方米。

试一试

一个长方形长5分米，宽4分米，从中截取一个最大的圆，剩下部分的面积是多少？

练一练

一个正方形的边长为6米，从中截取一个最大的圆，剩下部分的面积是多少？

同伴一起来

在同学的帮助下完成练习：一个长方形长6分米，宽5分米，从中截取一个最大的圆，剩下部分的面积是多少？

爸爸妈妈一起来

1. 一个长方形长4分米，宽3分米，从中截取一个最大的圆，剩下部分的面积是多少？

2. 一个正方形的边长是5米，从中截取一个最大的圆，剩下部分的面积是多少？

18 电脑绘画——金山画王

金山画王是一款优秀的儿童绘画软件。

金山画王的使用很简单，软件提供了全程的语音提示，有什么不明白的地方，只要把鼠标移到上面，就能够听到一个小朋友解释它的功能的声音。

首先在调色板上选取想要使用的颜色。第二个小抽屉放的是几何板工具；第三个小抽屉放的是圈选工具；在第四个小抽屉，你就可以选用神奇而有趣的魔术棒工具。

图画画好以后，还可以使用一些特技处理以达到奇特的效果。打开第五个小抽屉可以看到特技处理的选项。

画好了以后，想不想给我们可爱的作品加点文字说明或者签个名什么的？打开第六个小抽屉，你就会发现打字工具了。现在选择你想要的字型和字体，在需要加上文字说明的地方按一下鼠标，你就可以在画图上输入文字。

要怎么保存它们呢？其实这个一点儿都不用你操心，看到左下角那本画册没有？用鼠标点一下就可以打开它，你的作品会整整齐齐地摆放在画夹里，里面还有好多幅示范作品让你参考。按一下画册右下方的银色小箭头，还可以给自己定做一个专门的新画册。

好了，金山画王的绘画功能介绍得已经差不多了。现在再给大家介绍一下软件的系统设定，打开最后一个小抽屉，里面有音效、音乐、语音提示的选项，点击下面的显示器图标，还可以将当前的图画做成墙纸。

做一做

用金山画王软件在电脑里画一幅自己喜欢的作品。

同伴一起来

在同学的帮助下，用电脑画图工具画画。

爸爸妈妈一起来

和爸爸妈妈一起运用电脑软件画喜欢的图形。

19 阅读（二）

练一练

阅读短文，完成练习。

我的油布伞

下雨了。小巷深处，涌出许许多多的伞儿，红的，花的……

看见伞，我便想起了我小时候的一把油布伞，想起了母亲，心里涌起一种温暖的感觉……

小时候，我们村里没有学校，要跑到镇上去上学。遇上下雨天，常被浇成“落汤鸡”。那时候，我多么盼望有一把伞呀！

有一回，放学的路上，我又淋了雨。回到家，就病倒了，通身烧得滚烫的。娘摸着我的额头，眼圈儿便红了。那时候我小，不懂事，竟不能体谅娘的难处，却说：“娘，要是有一把伞就好了，咱买一把吧！”

娘沉思良久，最后一字一字地说：“咱买一把吧！”听了娘的话，我半信半疑。那年月，家里穷，队里收成不好，全指望娘织卖土布贴补家里，换回个油盐钱，还要给我交学费，买书和本子。她能有钱给我买伞吗？可是，我知道娘的脾气，对孩子，她从来都是说一句是一句的。

这天晚上，她早早地上了织布机，脚一蹬，手一搬，“哐里哐当”，满屋子都是机声了。这一夜，我枕着机声入梦。一早醒来，机声还在响。啊，娘织了一夜布。我悄悄走到娘跟前，颤抖地喊了一声：“娘。”娘用熬红了的眼睛看着我，不自然地笑笑。我的泪水夺眶而出，说：“娘，你别再熬夜了，俺不要伞了！”

娘笑笑，说：“傻孩子，伞，咱还是要买的，娘多熬几夜就有了……”

终于有一天，娘从集市上卖布回来，一脸喜气。见了我，立即打开了印花包袱，喜眉笑眼地说：“拿去吧，你要的伞！”

"啊,伞!"我惊叫着,从娘手里接过伞来。这是一把八角黄油布伞。我撑起,合上,再撑开,再合上,举起来,拧动伞柄,让它在空中旋转。欣喜之余,我偶一回头,望见了娘那带笑的黄油布似的脸,心里一酸,眼里涌出了泪水……

从此,一把黄油布伞伴随着我,从初中到高中,读大学,一直到参加工作。渐渐地,这把黄油布伞很落伍了,我却舍不得扔掉它。熟悉的朋友说我艰苦朴素;不知内情的人,笑我寒酸小气。我都不去管它,只是笑笑,却不知,我带着这把伞,就仿佛母亲在我身边似的,使我忘不了母亲和母亲对我的爱。

1. 写出文中带点词语的反义词。

盼望——(　　　)　　　体谅——(　　　　)

2. 联系上下文给带点的字选择合适的解释。

"酸"在字典里的解释有:A. 不大方　B. 疼痛　C. 酸味　D. 难受

心里一酸(　　)　　　寒酸小气(　　)

3. 请你根据文章内容回答下面的问题。

①"娘"答应买伞,"我"为什么半信半疑?

②"我"为什么一直舍不得扔掉这把伞?

4. 用"______"在文中画出与短文最后一句对应的句子。

同伴一起来

和同学互相讲故事。

爸爸妈妈一起来

和爸爸妈妈一起阅读课外读物,学讲故事。

20 分数混合运算

本次辅助学习，旨在进一步帮助同学们理解分数混合运算的顺序和整数四则混合运算的顺序是相同的，能正确按混合运算的顺序计算分数四则混合运算，并能正确运用运算定律进行分数混合运算的简算。

学一学

商场对一种复读机进行降价销售。每台售价降低$\frac{1}{4}$后卖219元，原来每台复读机售价是多少元？

$219\div(1-\frac{1}{4})$

$=219\div\frac{3}{4}$

$=292$（元）

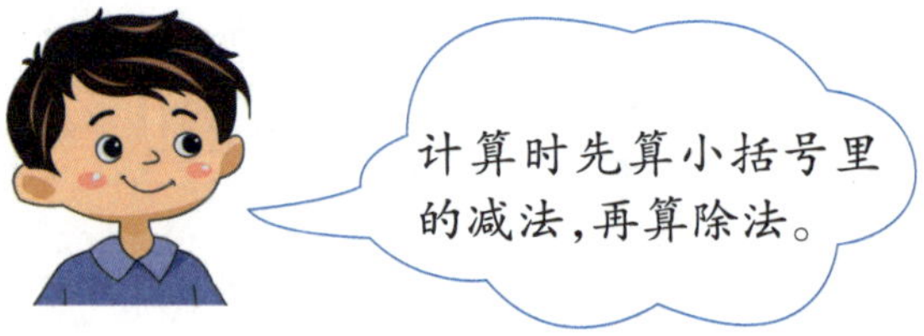

答：原来每台复读机售价是292元。

试一试

$(\frac{1}{7}\times\frac{9}{13}\times\frac{4}{5})\div\frac{3}{13}$

练一练

$\frac{40}{13}\times26\div\frac{40}{3}-\frac{1}{4}$

同伴一起来

在同学的帮助下完成练习。

$6-\frac{5}{14}-\frac{8}{21}\times\frac{3}{16}$

$\frac{3}{8}+\frac{1}{3}\times\frac{9}{5}+\frac{2}{5}$

爸爸妈妈一起来

和爸爸妈妈一起整理分数混合运算的法则——先乘除后加减，同级运算从左到右，有括号要先算括号里的，后算括号外的。

21 身体的变化

这是小雪从小到大的照片，她的身体发生了什么变化呢？

这是小雨从小到大的照片，他的身体发生了什么变化呢？

我们的身体，正发生着变化：长高了，变重了……

有的人变化快，有的人变化慢，这都是很正常的。

比一比

把你的照片贴在下页的相框里，和小雪、小雨比一比，看看你发生了怎样的变化。

过去

现在

同伴一起来

把你的照片和同学的照片比一比，说说你们发生了怎样的变化。

爸爸妈妈一起来

1. 女生和妈妈一起洗澡，了解自己身体的变化；男生跟爸爸一起洗澡，了解自己身体的变化。

2. 女生跟妈妈一起学一学"为了迎接身体的变化，我们要做这样的准备"。

- 使用卫生巾
- 选合适的内衣

3. 男生跟爸爸一起学一学"为了迎接身体的变化，我们要做这样的准备"。

- 清洗外阴
- 选合适的内衣

22 看图写话（一）

看一看，写一写

帮小鸟补窝

同伴一起来

观察上页的图，讨论交流，小明和小东一走出门，就遇到了什么呢？

爸爸妈妈一起来

小作家们，你们能仔细观察图画，然后根据图画内容说一段完整的话吗？先自己想一想，再说给爸爸妈妈听一听，最后在爸爸妈妈的帮助下把它写下来并读一读。

23 运用分数乘、除法解决问题

本次辅助学习旨在通过对比练习，帮助同学们掌握分数乘法与分数除法应用题的联系和区别，正确解答简单的分数乘、除法应用题。

学一学

1.创设情境。

长江流域约有120种矿产资源，可供开发的约占$\frac{5}{6}$。长江流域的矿产资源种数约占全国的$\frac{3}{8}$。

2.提出问题。

（1）长江流域可供开发的矿产资源约有多少种？

（2）全国的矿产资源约有多少种？

3.解决问题。

（1）$120\times\frac{5}{6}=100$(种)

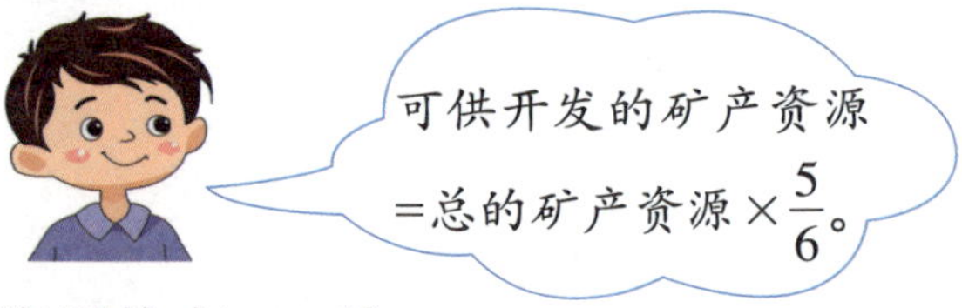

答：长江流域可供开发的矿产资源约有100种。

（2）解：设全国的矿产资源约有x种。

$$\frac{3}{8}x=120$$
$$x=120\div\frac{3}{8}$$
$$x=320$$

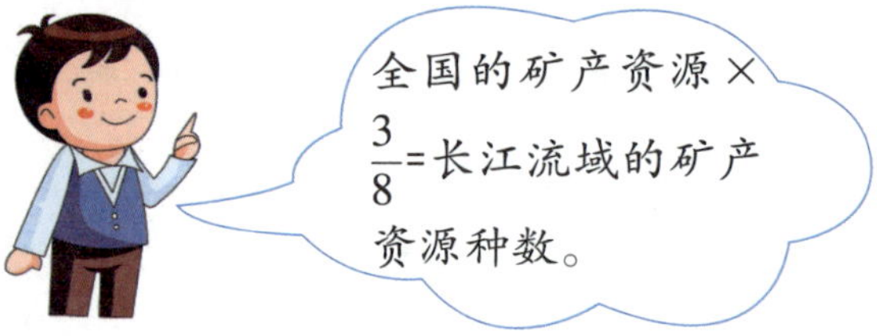

答：全国的矿产资源约有320种。

议一议

上面例题中的两个问题在数量关系、解答方法上有什么不同?

试一试

五年级同学参加植树活动,共植树400棵,正好是全校植树总数的$\frac{2}{5}$,全校植树多少棵?

练一练

1. 水果店运来水果300箱,苹果占运来总数的$\frac{2}{5}$,运来苹果多少箱?

2. 有一块地,其中大豆作物种植了7公顷,占总面积的$\frac{1}{4}$,玉米的种植面积占总种植面积的$\frac{1}{7}$。玉米种了多少公顷?

同伴一起来

有一块试验田,其中粮食作物有4公顷,占总面积的$\frac{1}{4}$,经济作物占总面积的$\frac{2}{5}$,经济作物有多少公顷?

提示:(1)找一找题中的数量关系式。
(2)讨论用什么方法解决。
(3)列式解决所求的问题。

爸爸妈妈一起来

爸爸妈妈在生活中找一些分数乘、除法解决问题的例子,让孩子去练习解决问题。

24 遇到危险怎么办

学一学

遇到危险切记不要慌张，不要盲目地接受陌生人的帮助。静下心来，就近寻找派出所或交巡警平台，寻求警察帮助；也可以打电话告知父母、老师或打“110”报警，讲明所在地有哪些标志性建筑。

说一说

1. 如何预防意外走失。

2. 如何保守家庭秘密。

3. 如何警惕陌生人的来访。

同伴一起来

同学们一起演一演，拨打紧急求救电话时应该怎么说。

爸爸妈妈一起来

和爸爸妈妈一起熟记家庭住址和爸爸妈妈的电话。

25 看图写话（二）

看一看，写一写

下雪了

同伴一起来

和同学一起仔细观察上页图，说一说这是什么时间，在什么地方，谁在干什么。

爸爸妈妈一起来

先给爸爸妈妈说一说图意，再在爸爸妈妈的指导下写一写。

26 做个受欢迎的人

学一学

做文明小顾客

做文明小乘客

做文明小观众

做一个受欢迎的人，最重要的就是要以一颗真诚善良的心去关心别人，善解人意。善解人意的人既能带给别人温暖，也能使自己快乐。每件事情我们都要尽心尽力地做好，时时把别人对我们的好记在心里。

我们要努力做到知足、感恩、善解人意、包容，成为一个受欢迎的人！

说一说

说一说你准备怎样做一个文明小顾客、文明小乘客和文明小观众。

同伴一起来

同学之间交流怎样做一个受欢迎的人。

爸爸妈妈一起来

1. 和爸爸妈妈外出，学做文明小顾客、文明小乘客。

2. 和爸爸妈妈一起去看电影，学做文明小观众。

27 看图写话（三）

看一看，写一写

公园里的花

同伴一起来

和同学一起仔细观察上图，说说这是什么时间，在什么地方，谁在干什么。

爸爸妈妈一起来

先给爸爸妈妈说一说图意，再和爸爸妈妈一起写一写。

28 小学快毕业啦

看一看

我叫____________，在____________小学读书，现在已经读六年级了。

还有一年我就要进入初中学习了。我准备和爸爸妈妈一起到家附近的中学去参观,选择我喜欢的中学。

说一说

1. 初中和小学有什么不同?
2. 你为适应初中生活做了什么准备?

同伴一起来

同学之间互相交流自己喜欢就读的中学。

爸爸妈妈一起来

和爸爸妈妈一起去参观中学,说说中学与小学有什么不同。

部分参考答案

3 分数乘法

练一练

$\frac{2}{3}\times\frac{2}{3}=\frac{4}{9}$　$\frac{1}{8}\times4=\frac{1}{2}$　$\frac{5}{12}\times0=0$　$\frac{4}{7}\times\frac{3}{4}=\frac{3}{7}$

$16\times\frac{1}{2}=8$　$1\times\frac{6}{5}=\frac{6}{5}$　$\frac{5}{9}\times63=35$　$\frac{5}{6}\times\frac{6}{7}=\frac{5}{7}$

6 多音字练习

做一做

给下列多音字注音并组词。

重：zhòng（重要）　chóng（重庆）
似：sì（似乎）　shì（似的）
载：zài（载重）　zǎi（记载）
杆：gǎn（笔杆）　gān（旗杆）
校：xiào（学校）　jiào（校对）
曲：qǔ（乐曲）　qū（曲折）

同伴一起来

兴：xīng（兴奋）　xìng（高兴）
觉：júe（感觉）　jiào（睡觉）
强：qiáng（强大）　jiàng（倔强）
恶：ě（恶心）　è（凶恶）
将：jiāng（将来）　jiàng（大将）
舍：shè（宿舍）　shě（舍得）
相：xiāng（相同）　xiàng（相片）
哄：hòng（一哄而散）　hǒng（哄骗）
盛：shèng（盛大）　chéng（盛饭）

爸爸妈妈一起来

给下列多音字注音。

1. 尽管他生活一直没宁(níng)静过，但他宁(nìng)死不屈，也不息事宁(níng)人。

2. 天气暖和(huo)，小和(hé)在家和(huó)泥抹墙。小何讲原则性，在是非面前从不和(huò)稀泥，也不随声附和(hè)别人，更不会在麻将桌上高喊："我和(hú)了。"

3. 省(shěng)长李大强如能早些省(xǐng)悟，就不至于气得不省(xǐng)人事了。

4. 他那像哄(hǒng)小孩似的话，引得人们哄(hōng)堂大笑，一哄(hòng)而散。

5. 他每次出差(chāi)，差(chà)不多都要出点儿差(chā)错。

6. 鱼拼命挣扎(zhá)，鱼刺扎(zhā)破了手，他随意包扎(zā)一下。

7. 他自己懒散，却总是埋(mán)怨别人埋(mái)头工作。

8. 盛(shèng)老师盛(shèng)情邀我去她家做客，吃饭时还帮我盛(chéng)饭。

9. 银行(háng)发行(xíng)股票，报纸刊登行(háng)情。

10.《鸿门宴》是汉代传(zhuàn)记，而不是唐代传(chuán)奇。

7 分数除法

试一试

$\frac{3}{7}\div5=\frac{3}{7}\times\frac{1}{5}=\frac{3}{35}$　　$\frac{2}{3}\div\frac{1}{2}=\frac{2}{3}\times2=\frac{4}{3}$

练一练

$\frac{2}{3}\div6=\frac{2}{3}\times\frac{1}{6}=\frac{1}{9}$　　$5\div\frac{1}{2}=5\times2=10$　　$\frac{2}{3}\div\frac{1}{2}=\frac{2}{3}\times2=\frac{4}{3}$

$10\div\frac{5}{4}=10\times\frac{4}{5}=8$　　$\frac{4}{5}\div\frac{2}{5}=\frac{4}{5}\times\frac{5}{2}=2$　　$\frac{3}{4}\div\frac{3}{2}=\frac{3}{4}\times\frac{2}{3}=\frac{1}{2}$

10 词语练习

填一填

选词填空。

1. 爱惜　珍惜　2. 安静　宁静　平静　3. 维持　保持　4. 埋怨　抱怨

想一想

一、找出每组合适的答案,在下面画一条横线。

1. 幼芽 2. 舌头 3. 文具 4. 逆耳 5. 耕耘 6. 日落 7. 干燥 8. 欢乐 9. 拘束

二、把下面的句子补充完整。

1. 三军可夺帅也 2. 千里共婵娟 3. 自己方便 4. 三人行

同伴一起来

AABB:简简单单 影影绰绰

含有“月”字:月华如水 月色朦胧

含有“日”字:日上三竿 日行千里

含有动物:闻鸡起舞 呆若木鸡

描写神态:神采奕奕 眉飞色舞

描写心情:心领神会 心安理得

含有“情”字:情不自禁 情深似海

爸爸妈妈一起来

补充歇后语或俗语。

各显神通 为时未晚 节节高

11 圆的周长

试一试

1.× 2.× 3.√

练一练

(1)3.14×2=6.28(米)

(2)3.14×1.5=4.71(厘米)

(3)3.14×4=12.56(分米)

(4)3.14×6 ×2=37.68(分米)

(5)3.14×1.5 ×2=9.42(厘米)

(6)3.14×3×2=18.84(米)

12 学会夸奖

辨一辨

1.√ 2.√ 3.√ 4.× 5.× 6.× 7.√ 8.√ 9.√ 10.√ 11.×

13 句式练习

写一写

按要求写句子。

1. 比喻句:小溪像一条明亮的带子哗啦啦地流淌着。

拟人句:小溪唱着歌儿哗啦啦地流淌着。

2. 为了把祖国建设得更强盛,难道我们不应该努力学习吗?

3. 人的"聪明"与"愚笨",不是天生的。

4."把"字句:姐姐把一件很有意义的礼物送给我了。

"被"字句:一件很有意义的礼物被姐姐送给我了。

5. 昨天是你送来了一封鸡毛信。

6. 我的思路被悠扬的琴声打断了。

同伴一起来

(1)比喻 (2)拟人 (3)排比 (4)夸张

爸爸妈妈一起来

1.(4)(1)(3)(2)(5)

2.(1)(4)(3)(2)

14 圆的面积(一)

试一试

$2\times3.14\times6=37.68$(米)

$3.14\times6^2=113.04$(平方米)

答:绕花坛走一周是37.68米,花坛的占地面积有113.04平方米。

练一练

图形	半径(dm)	直径(dm)	周长(dm)	面积(dm^2)
圆		8	25.12	50.24
	5		31.4	78.5
	2	4		12.56

16 阅读(一)

阅读短文,完成练习。

1.因为……所以…… 虽然……但是…… 如果……就……也……

……因为……

2.太阳会发光,会发热,是个大火球。

太阳(虽然)离我们很远,(但是)它和我们的关系很密切。

地球上的光明和温暖,都是太阳送来的。

3.读了短文,我知道太阳有这些特点:大、热、与人类关系密切。

同伴一起来

没有……没有……没有……就没有…… 如果没有土壤,没有水分,没有太阳,植物就没有生命。

17 圆的面积(二)

试一试

5×4=20(平方分米)

3.14×(4÷2)²=12.56(平方分米)

20−12.56=7.44(平方分米)

答:从中截取一个最大的圆,剩下部分的面积是7.44平方分米。

练一练

6×6=36(平方米)

3.14×(6÷2)²=28.26(平方米)

36−28.26=7.74(平方米)

答:剩下部分的面积是7.74平方米。

同伴一起来

6×5=30(平方分米)

$3.14\times(5\div2)^2=19.625$ (平方分米)

30−19.625=10.375(平方分米)

答:剩下部分的面积是10.375平方分米。

爸爸妈妈一起来

1.

4×3=12(平方分米)

$3.14\times(3\div2)^2=7.065$ (平方分米)

12−7.065=4.935(平方分米)

答:剩下部分的面积是4.935平方分米。

2.

5×5=25(平方米)

$3.14\times(5\div2)^2=19.625$(平方米)

25−19.626=5.375(平方米)

答:剩下部分的面积是5.375平方米。

19 阅读(二)

阅读短文,完成练习。

1.失望　埋怨

2.D　A

3.①那年月,家里穷,队里收成不好,全指望娘织卖土布贴补家里。

②我带着这把伞,就仿佛母亲在我身边似的,使我忘不了母亲和母亲对我的爱。

4.看见伞,我便想起了我小时候的一把油布伞,想起了母亲,心里涌起一种温暖的感觉……

20 分数混合运算

试一试

$(\frac{1}{7}\times\frac{9}{13}\times\frac{4}{5})\div\frac{3}{13}$

$=(\frac{1}{7}\times\frac{9}{13}\times\frac{4}{5})\times\frac{13}{3}$

$=\frac{1}{7}\times\frac{9}{13}\times\frac{4}{5}\times\frac{13}{3}$

$=\frac{12}{35}$

练一练

$\frac{40}{13}\times26\div\frac{40}{3}-\frac{1}{4}$

$=\frac{40}{13}\times26\times\frac{3}{40}-\frac{1}{4}$

$=6-\frac{1}{4}$

$=5\frac{3}{4}$

同伴一起来

$6-\frac{5}{14}-\frac{8}{21}\times\frac{3}{16}$

$=6-\frac{5}{14}-\frac{1}{14}$

$=5\frac{4}{7}$

$\frac{3}{8}+\frac{1}{3}\times\frac{9}{5}+\frac{2}{5}$

$=\frac{3}{8}+\frac{3}{5}+\frac{2}{5}$

$=\frac{3}{8}+(\frac{3}{5}+\frac{2}{5})$

$=1\frac{3}{8}$

23 分数乘、除法解决问题

试一试

$400\div\frac{2}{5}=400\times\frac{5}{2}=1000$(棵)

答:全校植树1000棵。

练一练

1. $300\times\frac{2}{5}=120$(箱)

答:运来苹果120箱。

2. $7\div\frac{1}{4}\times\frac{1}{7}=7\times4\times\frac{1}{7}=4$(公顷)

答:玉米种了4公顷。

同伴一起来

$4\div\frac{1}{4}\times\frac{2}{5}=4\times4\times\frac{2}{5}=6.4$(公顷)

答:经济作物有6.4公顷。

特殊需求儿童

融合教育手册（上册）

主　　编：张文京

副 主 编：李　丹

本册统筹：李　丹

本册编者：李　丹　李乐惠　杜艾静　吴燕毅
　　　　　胡加华　赵　婕　郭艳红　廖诗芳

绘　　图：张　昆　骆　阳　冯　婷

二年级

西南师范大学出版社

国家一级出版社　全国百佳图书出版单位

图书在版编目(CIP)数据

特殊需求儿童融合教育手册. 上册 / 张文京主编
. — 重庆 : 西南师范大学出版社, 2019.10
ISBN 978-7-5621-4822-7

Ⅰ. ①特… Ⅱ. ①张… Ⅲ. ①儿童教育 - 特殊教育 - 手册 Ⅳ. ①G76-62

中国版本图书馆CIP数据核字(2019)第220801号

特殊需求儿童融合教育手册·上册
TESHU XUQIU ERTONG RONGHE JIAOYU SHOUCE·SHANGCE

主　　编:张文京
副 主 编:李　丹

责任编辑:杨光明
责任校对:胡君梅
封面设计:起源
排　　版:重庆大雅数码印刷有限公司
出版发行:西南师范大学出版社
地址:重庆市北碚区天生路2号
邮编:400715
网址:www.xscbs.com
印　　刷:重庆荟文印务有限公司
幅面尺寸:185mm×260mm
印　　张:28.5
字　　数:380千字
版　　次:2019年12月　第1版
印　　次:2019年12月　第1次
书　　号:ISBN 978-7-5621-4822-7

定价(共六册):90.00元

衷心感谢被收入本书作品的作者对本书稿编写的热心帮助和支持,由于一些作者的姓名和地址不详,虽经编写团队多方努力,个别作者仍暂时无法取得联系,恳请相关作者与西南师范大学出版社联系(电话:023-68254356),以便办理署名、付酬等事宜。

本书部分文字作品稿酬已委托中国文字著作权协会转付,敬请相关著作权人联系。

电话:010-65978917,传真:010-65978926,E-mail: wenzhuxie@126.com

给老师和家长的话

各位老师、家长：

你们好！这是提供给融合教育中有特殊教育需求的孩子的支持性学习手册。

本手册共12册，每学期一册，每册的学习内容与每学期的学科学习基本同步。每册有28课或29课，平均每周完成2课左右。全部手册包括三大部分内容：学校适应、学习活动、自我成长。其中，“学校适应”包含：适应学校环境、遵守学校常规、人际沟通、参与活动、品行；“学习活动”包含：学习能力、学习态度、学习策略；“自我成长”包含：自我引导、自我规划、自我评价、自我调控、自我增强。

本手册由教师、家长支持各位孩子在学校、家庭中实施。手册具有建议性、支持性，在使用过程中可以依据孩子的具体情况灵活选用，不必拘泥于某册某课。具体使用建议如下：

一、教师与家长沟通，家校合作

教师与家长沟通、家庭与学校合作是帮助特殊需求孩子获得有效学习的基础。

二、教师、家长以身作则

教师、家长应成为孩子的榜样。要求孩子做的，教师、家长要先做到。例如：不随地吐痰、走人行横道线等。教师、家长要时刻注意自己的言谈、举止、处事和待人之道。想培养有教养的孩子，需要有教养的教师和家长。

三、保持教师、家长教育的一致性，在“温柔的坚持”中实施教育

教师、家长应保持对学生教育态度和要求的一致性，共同秉承“温柔的坚持”的教育原则，面对规则要求不破例、不轻言放弃。

四、相互尊重、平等的教育教学

在教育教学中，教师、家长、孩子三者是平等与相互尊重的关系。教师与家长是支持者、信息提供者；孩子是问题提出者、主动学习者。教学双方共同参与，共同进步，共同分享。

五、在具体情境中关注行为习惯的养成教育

情境教学是学校、家庭、社区教育的首选。用餐时学餐饮礼仪，解题时教思维步骤等，以情境施教，在具体情境中关注行为习惯的养成教育。关注良好行为习惯的养成是教育教学的重点。

六、小步子、多重复、多感官，循循善诱

对特殊需求孩子的教育，常将整体、大问题分为小步进行。用总分总的思路，多次重复，调动眼、耳、口、鼻等多感官参与。教育教学时要心平气和，不急不躁，尝试多种方法，创造多种策略。

七、多鼓励表扬，给予成功的教育

在学校、家庭的教育中，“要这样做”应多于“不准这样做”，要表扬多于批评。不要让孩子有过多的挫败，而应创设成功的可能，多关心、鼓励和肯定。战胜困难后获得的成功最具推动力。

八、把握教育的度，让孩子自我选择，自己做决定

了解孩子的起点、水平、兴趣、需求、愿望，让孩子自我选择，自己做决定；给孩子承担责任的机会。教育要适量、适时、适度，不可不及，也不要太过。

九、教育最终让孩子成为他自己

家庭、学校教育的最终目的是顺应孩子的自然天性，让他成为他自己，成为一个独立、自主的人！

编者

给同学们的话

亲爱的同学们：

现在你们已经是二年级的学生了，通过一年级一年的努力，应该习惯了小学的学习和生活了吧，但很快你们会发现二年级和一年级有很多地方不同哦。

本册书除了与学校同步的语文和数学具有同样的辅导学习作用外，还将带给你们尊敬老师、解决矛盾、认识自我身体等单元活动，希望这些活动能帮助你们更好地适应二年级的学习和生活，成为受欢迎的人。

同学们，每天早晨背上书包去上学时，希望你们很愉快地对自己说："今天又是美好的一天，我今天一定会过得很开心的。"

你们的大朋友

目 录

（二年级）

SCHOOL

开学啦

1 尊敬老师

见到老师要问好。

举手发言。

进办公室先敲门。

认真听老师讲解。

老师每天工作很辛苦，我们要尊敬老师。见到老师要主动问好，上课要积极举手发言，进办公室前要先敲门，要认真听老师讲解。

说一说

1．结合下图说一说，如何尊敬老师？

2．说一说，下面的同学做得对不对，为什么？

（1）见到老师躲起来。

（2）教师节的时候祝老师节日快乐。

（3）上课认真听讲。

（4）不完成老师布置的作业。

（5）老师家访的时候给老师倒水喝。

同伴一起来

大家一起尊敬老师，同学之间互相提醒。

爸爸妈妈一起来

和爸爸妈妈一起讨论老师的辛苦付出。

2 教师节

老师给我们上课，给我们讲知识。

老师给我们批改作业。

下课后，老师带我们做游戏。

老师照顾生病的我。

教师节，我为老师送上节日祝福。

上课时，老师带我们畅游知识的海洋；下课了，老师带我们一起玩；课后，老师还要批改作业。老师还经常关心我们，帮助我们成长。

九月十日是教师节，我们要感谢老师，感恩老师。

说一说

1. 讲述一件或几件生活中老师为我们所做的事情。

2. 教师节快到了，我们能为老师做些什么呢？

做一做

教师节到了，制作一件小礼物送给老师，祝老师节日快乐。

同伴一起来

1. 下课后擦黑板，做好课前准备。

2. 上课认真听讲，课后认真完成作业。

爸爸妈妈一起来

和爸爸妈妈一起讨论老师的日常工作，包括教学工作(备课、上课、批改作业)、照管班级(点名、出操、扫除、值日、班级活动)等。

3 竞选班干部

勾选出你们在班会上选出的班干部名称。

班长　学习委员　文娱委员　清洁委员　体育委员　纪律委员

我想竞选__________

说一说

竞选发言稿

我叫________，我想竞选________。我的爱好是__________，我的特长是________。

请同学们相信我能为大家做好服务工作，请大家投我一票。

同伴一起来

1. 和同伴一起讨论，班干部有哪些职责。
2. 告诉同伴自己将竞选班干部，请同伴支持。

爸爸妈妈一起来

1. 告诉爸爸妈妈自己想竞选班干部，请爸爸妈妈支持。
2. 在爸爸妈妈的帮助下，写一篇竞选发言稿。
3. 和爸爸妈妈一起练习自己竞选班干部时的发言。

4 尊重同学

和小伙伴一起玩耍。

雨天，和同学一起打伞。

认真倾听同学讲话。

我们班级有很多同学，同学之间要互相关心、互相帮助、互相尊重。

说一说

尊重别人的语言:

1. 早晨与人见面时说声“早”,交谈时问声“你好”,分别时说声“再见”;
2. 有求于人时说声“请”或“麻烦您”,得到别人帮助后说声“谢谢”;
3. 当别人向你道谢时说声“别客气”“不用谢”;
4. 打扰别人时说声“对不起”“请原谅”;
5. 别人对自己表示歉意时,要说“没关系”;
6. 别人求助于自己时,热情地说:“请讲吧!”

做一做

尊重别人的行为:

1. 见到同学时主动问好;
2. 玩游戏时相互谦让;
3. 主动给同学讲解他不懂的题;
4. 愿意借东西给同学。

同伴一起来

1. 你的好朋友是谁,你们是怎样成为好朋友的?

2. 在同学需要帮助时,能向他(她)提供力所能及的帮助。

3. 与同学交流时,能认真地倾听,讲请自己的观点;在同学获得成功时,向他(她)表示祝贺。

爸爸妈妈一起来

1. 给爸爸妈妈说说你为帮助同学做了些什么。

2. 和爸爸妈妈一起讨论你怎样做才能得到同学的尊重。

5 写字有顺序

先撇后捺：

人	丿	人					
大	一	𠀎	大				
走	一	十	土	丰	丰	𧺆	走

先中间后两边：

小	亅	小	小				
山	丨	山	山				
水	亅	刁	氺	水			

先横后竖：

十	一	十					
羊	丶	丷	䒑	兰	兰	羊	
牛	丿	𠂉	𠂒	牛			

从上到下：

关	丶	丷	䒑	兰	关	关	
去	一	十	土	去	去		
来	一	丆	𠀀	兀	平	来	来

说一说

田字格儿歌

左上左下,右上右下,

中间还有两条线,横中线,竖中线。

用好我这个田字格,你的字会更漂亮!

做一做

1. 按先撇后捺的笔顺规则书写:人、大、走。

2. 按先中间后两边的笔顺规则书写:小、山、水。

3. 按从上到下的笔顺规则书写:关、去、来。

4. 按先横后竖的笔顺规则书写:十、羊、牛。

同伴一起来

和同学一起书写上面教过的汉字,看谁写得正确。

爸爸妈妈一起来

1. 爸爸妈妈在习字本上用红笔示范写上面教过的汉字。
2. 描红写上面的字,请爸爸妈妈判断你的笔顺是否正确。
3. 独立写上面的字,请爸爸妈妈判断你的笔顺是否正确。

6 形近字比较

孩子们，在我们的汉字王国里，许多汉字娃娃虽然样子相似，但是读音却不同，所表达的意思和用法也完全不同。请你辨别它们的字形，给它们组组词。

辨一辨

已（ ）	先（ ）	完（ ）	小（ ）
己（ ）	告（ ）	远（ ）	孙（ ）
山（ ）	每（ ）	木（ ）	忘（ ）
仙（ ）	梅（ ）	杏（ ）	忙（ ）
京（ ）	助（ ）	怀（ ）	转（ ）
惊（ ）	功（ ）	杯（ ）	传（ ）
泳（ ）	桂（ ）	军（ ）	今（ ）
咏（ ）	挂（ ）	挥（ ）	令（ ）
奇（ ）	味（ ）	炒（ ）	兴（ ）
椅（ ）	妹（ ）	抄（ ）	应（ ）
大（ ）	王（ ）	成（ ）	才（ ）
达（ ）	旺（ ）	盛（ ）	财（ ）
抬（ ）	井（ ）	认（ ）	盼（ ）
治（ ）	开（ ）	让（ ）	份（ ）
仍（ ）	注（ ）	谈（ ）	几（ ）
扔（ ）	住（ ）	淡（ ）	凡（ ）
今（ ）	员（ ）	拉（ ）	运（ ）
令（ ）	圆（ ）	站（ ）	远（ ）

读一读

读读上面的形近字和所组的词语。

同伴一起来

1. 和同学一起区分上面的字相同与不同的地方。

2. 和同学一起读写语文课本第三册书上的生字与词语。

爸爸妈妈一起来

1. 和爸爸妈妈一起制作语文课本第三册书上的生字与词语的卡片。

2. 在爸爸妈妈的指导下读写语文课本第三册书上的生字与词语。

7 表内乘法（一）

本课整理1~5的乘法口诀。熟悉口诀、熟记口诀、巩固乘法的含义及乘法算式中各部分的名称，有助于同学们会正确理解乘法的含义，正确应用乘法。

学一学

一共有多少朵花？

5×4=20（朵），或4×5=20（朵）。

因数×因数 = 积。

填一填，背一背

填1～5的乘法口诀，填完后背一背；背完口诀后，再竖着、横着、斜着读口诀表。

一一得一				
一二得二	二二得四			
一三得三	二三得六	三三得九		
一四得四	二四得八	三四十二	四四十六	
一五得五				五五二十五
一六得六				
一七得七				
一八得八				
一九得九				

试一试

老师随机抽口诀，请学生说出相应的算式。

练一练

1. 4×7=(　)　　2×5=(　)　　3×6=(　)　　2×9=(　)

2. 4×(　)=12　　(　)×5=15　　(　)×8=24　　3×(　)=27

同伴一起来

一人说口诀，另一人迅速说出得数。

爸爸妈妈一起来

把乘法口诀背给爸爸妈妈听，爸爸妈妈再评议。

8 认真倾听

专心听对方讲话。

认真听老师讲课。

我们要认真倾听别人说话，有礼貌，不打断别人讲话。

辨一辨

下图的做法对不对？

听别人讲话的时候，眼睛看其他地方

听别人讲话的时候，眼睛看着讲话的人

做一做

1. 做一做。

看着对方

嘴巴闭上，不打断对方

面向对方

2. 听老师讲故事，听到“一”就拍拍手，听到“小草”就跺跺脚。

小草

马路边，河岸上，不起眼的小草使大自然充满生机。

春天，一阵微微的春风吹来，小草和刚睡醒的伙伴们跳起了欢快的舞蹈。她们一边跳舞，一边随着春风生长。夏天，太阳把大地烤得火热。傍晚，人们来到草地上，往小草身上一坐，小草便伸出温暖的双手把人们抱在怀里，给劳累一天的人们带来清凉，消除疲劳。她从不计较人们给予她什么，宁愿为人们默默付出。秋天，一阵凉风吹来，她一下子变得面黄肌瘦。寒风把冬天请来了，小草的根深深地钻进泥土里。等第二年春天，她又从土里钻出来。

我爱小草，爱她强大的生命力和宽广的胸怀。

同伴一起来

小伙伴们来玩“小八路传情报”吧，一个接一个地传话，说话的人要说清楚，听的同学得认真听哦。

爸爸妈妈一起来

认真听爸爸妈妈讲故事，听完后你再清楚地复述出来。

9 闹矛盾了

和同学踢球时发生了矛盾。

在老师的调解下，与同学握手言和。

同学们又一起开心地踢球了。

同学之间发生矛盾时，不要争吵，更不要打架。大家先冷静下来，想一想解决的办法，然后再去解决矛盾。大家都要成为好朋友。

说一说

1.判断下面的行为,在正确的选项后面打“√”,在不正确选项的后面打“×”,并说明为什么。

(1)和同学闹矛盾的时候我要用武力解决。(　　)

(2)看见同学在教室里打架,立刻通知老师。(　　)

(3)看见同学在教室里打架,围观看热闹。(　　)

(4)可以欺负比我小的同学,因为他们的力气没有我大。(　　)

(5)班上的一位同学打了我,我约另外的几位同学一起去打他。(　　)

(6)我去抢低年级学生的漫画书。(　　)

2.举例说说同学之间如何做到团结、友爱、互助。

同伴一起来

你的好朋友有哪些?你是怎样和他们友好相处的?

爸爸妈妈一起来

和爸爸妈妈一起讨论,若同学之间发生了矛盾应该怎么做?

10 去秋游

秋天来了，天气凉了，树叶黄了，果实成熟了，一群群大雁往南飞。

我们背上自己的水壶和零食，集合在一起，高高兴兴去秋游。

想一想，说一说

秋游前要准备什么？

- 食物、水、零钱
- 运动鞋
- 外套

学一学，念一念

秋游小儿歌

依次上车，有间隔；互相谦让，一起坐。

一切行动听指挥，不随便跟别人走。

紧跟同学和老师，伸出友爱的双手。

同伴一起来

秋游的时候互相帮助，帮小同学背行李或搀扶受伤的同学。

爸爸妈妈一起来

1. 贴一贴秋游的照片。

2. 跟爸爸妈妈说一说和同学们出去秋游的所见所闻。

11 字词训练

做一做

看拼音写词语。小朋友们还认识这些拼音朋友吗？仔细拼一拼，写一写，不会写的字可以向家长请教哟！

dài biǎo (　　　)	chuān liú (　　　)不息	xiān dān (　　　)	huá xià zǐ sūn (　　　)
jiā yīn (　　　)	jí xiáng (　　　)	chū zhōng (　　　)	duān zhèng (　　　)
jìng lǐ (　　　)	xī yáng (　　　)	zhí rì shēng (　　　)	sī lìng (　　　)
jiāng jūn (　　　)	zhuō zi (　　　)	pá shān (　　　)	dīng zhe (　　　)
xiè xie (　　　)	màn màn (　　　)	shǐ jìn (　　　)	xīng fèn (　　　)
jǐn zhāng (　　　)	shū shu (　　　)	zhàn zhēng (　　　)	yì xiē (　　　)

同伴一起来

将词语和拼音用线连起来。

和尚	shòu xiǎo	斗争	yuàn yì
活泼	huó pō	愿意	shāng liang
净瓶	jìng píng	商量	dòu zhēng
瘦小	hé shang	扑灭	pū miè

爸爸妈妈一起来

在正确的读音下面画横线。

斗笠(lì nì)	石径(jìn jìng)	绝对(jué juě)
行踪(zōng zhōng)	渔翁(wōng wēng)	垂(cuí chuí)
路(lù nù)	钓(diào dào)	侧(cè chè)
映(yìn yìng)	遥(yáo yǎo)	树梢(sāo shāo)
骄傲(jiāo qiāo)	编(biān piān)	辫子(biàn bàn)
光滑(huá fá)	纱(sā shā)	战(zà zhàn)
抗(káng kàng)	搞(gáo gǎo)	纺(fáng fǎng)

12 表内乘法（二）

通过整理6～9的乘法口诀，同学们进一步熟悉口诀，熟记口诀，巩固乘法的含义及乘法算式中各部分的名称。

学一学

一共有多少个小圆片？

6×8=48（个），或8×6=48（个）。

填一填，背一背

填6～9的乘法口诀，填完后背一背，背完口诀后，再竖着、横着、斜着读口诀表。

六六三十六			
六七四十二	七七四十九		
六八四十八		八八六十四	
六九五十四			九九八十一

试一试

老师随机抽口诀，请学生说出相应的算式。

练一练

6×7=(　　)　　8×5=(　　)

9×6=(　　)　　6×9=(　　)

4×(　　)=32　　(　　)×5=45

(　　)×8=56　　7×(　　)=63

同伴一起来

一人说口诀，另一人迅速说出得数。

爸爸妈妈一起来

把6~9的乘法口诀背给爸爸妈妈听，爸爸妈妈再评议。

13 句式训练（一）

小朋友们认真读例句，然后仿照例句的样子说一说，再在老师或家长的帮助下写一写。

做一做

1. 照样子，写一写。

例：五个连在一起的圆环出现在屏幕上，有蓝色的、黑色的、红色的、黄色的，还有绿色的。

仿写：(1)商店里有许多玩具，有________、__________、__________，还有____________。

(2)________________，有___________、___________、___________，还有__________________。

2. 照样子，把句子写具体。

例：鸭子向前滑行。

鸭子（轻快地）向前滑行。

鸭子（在小河里）（欢快地）向前滑行。

(1)我在读书。

我在（　　　　　　）读书。

我在（　　　　　　）（　　　　　　）读书。

(2)小鸡吃虫子。

小鸡（　　　　　　）吃虫子。

小鸡（　　　　　　）（　　　　　　）吃虫子。

(3)小鱼游。

小鱼（　　　　　　）游。

小鱼（　　　　　　）（　　　　　　）游。

(4)我们唱歌。

我们(　　　　　　)唱歌。

我们(　　　　　　)(　　　　　　)唱歌。

同伴一起来

用带点的词语造句。

1. 小明有一只可爱的小狗。

可爱的:________________________________

2. 妈妈望着我高兴地笑了。

高兴地:________________________________

3. 夏夜的天空像深蓝的大海。

像:________________________________

爸爸妈妈一起来

读一读,照样子改写句子。

例:他把小鸟放飞了。

小鸟被他放飞了。

1. 他把小鱼扔进了大海。

____

2. 我把手帕洗干净了。

____

3. 我把桌子擦得干干净净。

____

14 学习能力综合训练(一)

听一听,找一找

同学们,请听故事《春天到了》,然后回答下列问题。

1. 你听到故事中出现了几次"公园"、几次"有"?

2. 故事里有哪些颜色的花儿?

3. 弟弟最后摘到花儿了吗?

找相同

数一数,到底有几个"她"、几个"他"、几个"校"、几个"桥"。

他	她	他	校	校	桥
桥	他	校	桥	桥	校
她	校	桥	她	他	他
桥	桥	校	他	她	他
她	他	校	桥	桥	校

找不同

听3组句子,说一说哪里不一样。

同伴一起来

把同学们分为3组，每组同学的卡片上分别写："谁""在哪儿""做什么"，然后每次从每组中抽出一张卡片并组合成一句有趣的话。

爸爸妈妈一起来

挑选语文课本中的一篇课文，读三遍，请爸爸妈妈把读错的地方和所用的时间记下来。

15 金鸡独立

做一做

单脚站立，双手平举。看你能坚持多长时间。

比一比

"金鸡独立"坚持时间记录表

姓名：

	我的成绩	班级成绩	
		第一名	最后一名
第一次			
第二次			
第三次			
第四次			
……			

同伴一起来

和同伴一起来比赛,看谁做“金鸡独立”坚持的时间长。

爸爸妈妈一起来

练习“金鸡独立”。请爸爸妈妈帮忙计时,通过努力,看看自己有没有进步。

16 句式训练(二)

做一做

1. 连一连。

狼吞	而光	甜甜的	草丛
一扫	大开	红红的	蛋糕
津津	虎咽	绿绿的	马路
胃口	有味	宽宽的	辣椒

2. 把下面的字词连成句子写下来。

(1)马良　的　多想　有　神笔　我　一支

____

(2)飘着　蓝天上　几朵　高高的　白云

____

(3)生日　我　今天　的　是

____

同伴一起来

和小朋友一起读下面的句子,想一想讲了一件什么事情;按顺序给句子排排队,在括号里标上正确的序号;最后把下面的故事讲给小朋友听。

（一）

（　　　）走过摊位，这时梨已稳稳当当地到了我手中，幸好没人看见。

（　　　）一天晚上，我从街上卖梨的摊子中间走过。

（　　　）就在我扶住木箱时，顺手拿了一个梨。

（　　　）突然，脚下一滑，我赶紧扶住旁边的一个木箱，才没摔倒。

（　　　）拿着梨，心里老觉得丢了什么，对了，是诚实。

（二）

（　　　）老师讲完课以后，让大家做四道数学题。

（　　　）老师看见了，轻轻地走到他跟前，耐心地给他讲解。

（　　　）不一会儿，小宁就明白了，他拿起笔，继续写下去。

（　　　）上课的时候，老师认真地讲课，同学们专心地听讲。

（　　　）小宁有一道题不会做，举手问老师。

爸爸妈妈一起来

把上面的故事按顺序串连起来读一读，并讲给爸爸妈妈听。

17 测量长度

本课进一步帮助同学们了解厘米、分米、米等长度基本单位，会根据具体物体选择恰当的长度单位来表示物体的长度。

学一学

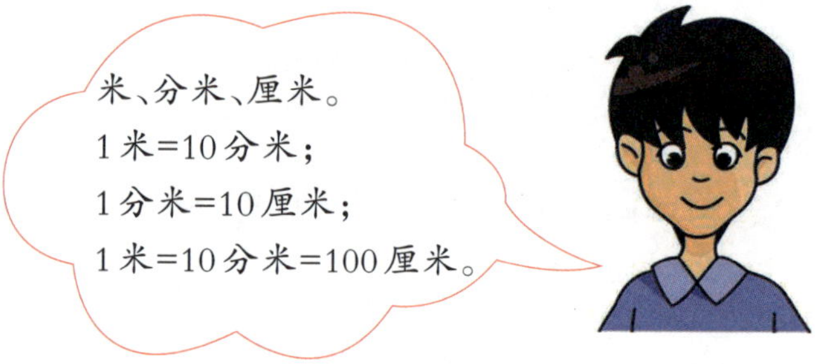

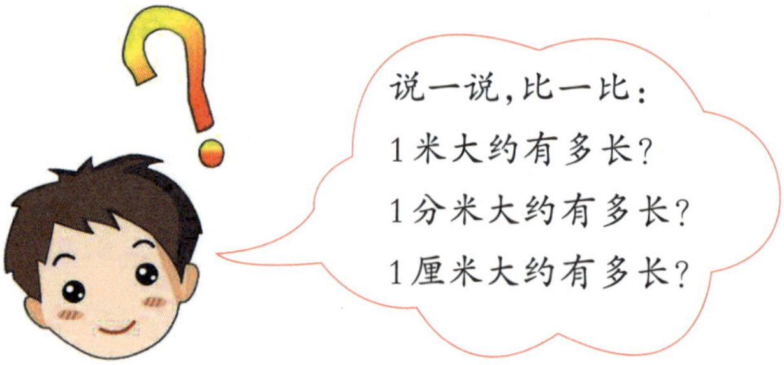

试一试

5米=(　　　)分米　　　　40厘米=(　　　)分米

3分米=(　　　)厘米　　　　100厘米=(　　　)米

练一练

1. 判断下面的说法是否正确。

(1)数学书的长大约为20厘米。　(　　)

(2)家里门的高度大约为2厘米。　(　　)

(3)爸爸的身高是170厘米。　(　　)

(4)黑板宽约3厘米。　(　　)

2. 填一填。

3米=(　　　)分米　　　　80厘米=(　　　)分米

7分米=(　　　)厘米　　　　1米=(　　　)厘米

同伴一起来

“对长度”游戏。如：一人说2米，另一人迅速对出20分米或200厘米。

爸爸妈妈一起来

回家和爸爸妈妈一起测量家中物品的长度，并记录。

18 独立完成作业

放学回家，放下书包，拿出作业本。

看看今天有什么作业。

做作业。

做完作业后，不会的题问家长。

做一做

家庭作业计划表		
	项目	评一评
1		
2		
3		
4		
5		

辨一辨

说说下列图中同学做得对不对，为什么？

家长陪着做作业。

回家后先看电视。

作业没做完就出去玩。

一回家就专心致志地做作业。

同伴一起来

同学们互相监督，要求放学后立即回家做作业，做完作业后，再外出玩耍。

爸爸妈妈一起来

1. 和爸爸妈妈一起清理书桌吧。

把书桌整理干净，让不相关的图书、玩具离开我们的视线，为静心写作业做好准备。

2. 做完作业后，请爸爸妈妈检查作业。

3. 请爸爸妈妈帮忙听写当天学的生字。

19 认识我的身体

认一认

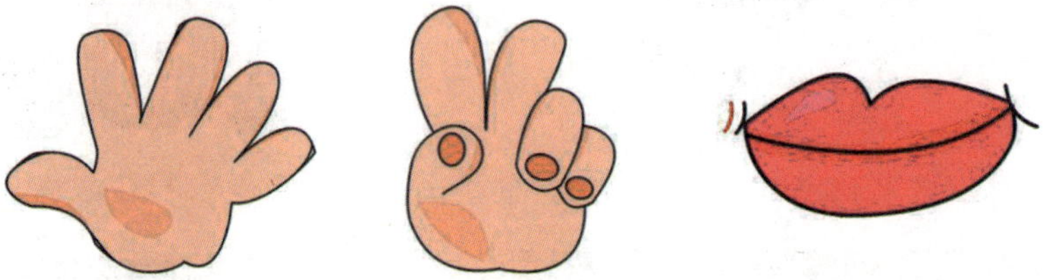

指认小女孩的身体部位名称。

想一想

下面的小女孩缺什么？

同伴一起来

和同伴一起玩人物拼图。

爸爸妈妈一起来

和爸爸妈妈一起玩“请你跟我这样做”。

20 我很高兴

今天老师表扬我有进步，我真高兴！

今天我帮妈妈做家务事，心里很愉快。

今天我和小明一起玩，我很高兴。

说一说

1. 哪些事情可以让你很高兴？

2. 高兴的时候你会怎么做？

3. 当你心情不好的时候，你会用什么办法让自己心情好起来？

做一做

每天像下面图片一样，至少笑2次。

同伴一起来

每天见到同学先笑一笑。

爸爸妈妈一起来

每天早晚笑着与爸爸妈妈互问早安、晚安。

21 阅读训练

做一做

认真阅读下面的短文，然后回答问题。

（一）

春天到了，公园里的景色真美丽。草地上长出碧绿的小草，像铺上了绿地毯。花盆里的花都开了，有红的、黄的、白的、紫的、暗红的，十分好看。

1. 这段话共有______句。

2. 用“____”画出表示花的颜色和草的颜色的词。

3. 这段话写公园里的景色很美丽，主要写了地上的______和花盆里的______十分好看。

（二）

小树苗，排队走，绿化祖国忙不休。
走到马路站两旁，撑起绿伞在街头。
走到田野站风口，挡住风沙保丰收。
走到沙漠站稳脚，沙漠一片绿油油。
走到荒山安下家，座座荒山穿绿衣。

1. 小树苗走到了__________、__________、__________、__________。

2. 用“______”画出小树苗为人们做的好事。

同伴一起来

和同学一起阅读下面的短文，然后回答问题。

猫的舌头上有肉刺，它经常用舌头理理身上的毛。狗的舌头在天热时总是伸出来，帮助散发身体中的热量。啄木鸟的舌头是细长的，能把害虫从洞里钩出来吃掉。动物的舌头是多么奇妙啊！

1.这段话有______句。

2.这段话写了______、______、______三种动物的______的作用。

3.请用“____”画出啄木鸟的舌头的作用。

爸爸妈妈一起来

和爸爸妈妈一起阅读下面的短文，然后回答问题。

我家有一只小花猫

小花猫有一双竖着的小耳朵和一双圆溜溜的眼睛。它的嘴边有八根胡子，又细又长又硬，我知道那是用来量老鼠洞口大小的。

小花猫全身长满了黄一道、黑一道的花纹，只有四个爪子是白色的，上面长着五个像鱼钩一样的小爪，走起路来没有一点儿声音。

它还有一条长长的尾巴，总是来回摆动。

白天，小花猫总是爱睡觉，还不停地打呼噜。一到晚上，它就这儿走走，那儿看看，好像在侦察老鼠的活动。

我真喜欢这只可爱的小花猫。

1.短文共有____个自然段。

2.小花猫的尾巴是________，眼睛是________，胡子是__________。

3.写小花猫颜色的词语有：________________________。

22 用乘法口诀求商（一）

本课强化用乘法口诀求商的方法，使同学们能较熟练地运用乘法口诀口算表内除法。同时，也让同学们从实际生活中发现数学问题、提出问题，并通过计算解决问题。

学一学

小朋友，请帮我算一算，我的钱可以买几条鱼。

18÷3=6（条）

试一试

有一捆绳子长16米。

1. 做2米一根的短绳，可以做几根？

2. 做4根绳子，平均每根长多少米？

练一练

跳舞的有36人，唱歌的是拉琴的8倍，拉琴的有6人。

1. 跳舞的人数是拉琴的几倍？

---

2. 唱歌的有多少人？

同伴一起来

和小伙伴一起，一人说除法算式，另一人迅速说出得数，并说出是怎样想的。

爸爸妈妈一起来

回家给爸爸妈妈说说用乘法口诀是怎么求商的，如24÷3是怎样用乘法口诀求商的。爸爸妈妈进行评议。

23 爱惜学习用品

学习用品天天用，我们一定要爱惜。好好用，好好放，使用完文具后要收起来。

说一说

1. 说一说上图中你也有的学习用品。

2. 怎样爱惜学习用品？

3. 怎样保管学习用品？

同伴一起来

看看谁的学习用品保管得最好。

爸爸妈妈一起来

1. 指导孩子爱惜学习用品。

2. 讨论:如何爱惜学习用品？

24 他人的批评

我一边吃饭一边看书，妈妈批评了我。

我做清洁时没做干净，老师让我再做一次。

爸爸说只要我努力就可以学得更好。

老师说上课要认真听讲。

当老师或者父母指出我们的缺点或不足的时候，我们不要生气，也不要发脾气。我们要认识到自己的不足，想一想有哪些方面我们做得不好，然后在老师和父母的帮助下改正，做一个好儿童。

说一说

1. 上面4幅图中我们没有做好事情，当家长和老师给我们指出存在的问题时，我们应该怎么做？

2. 面对下面的情况我们应该怎么做？

(1)我把房间弄得乱乱的，爸爸批评了我。

(2)我把在教室里捡来的笔放在自己的文具盒里，老师说这样不对。

(3)我和同桌发生了争吵，老师批评了我们。

(4)我吃完一碗饭后，喊妈妈帮我再舀一碗，妈妈生气了。

(5)我边吃饭边和同学说话，老师批评我没有认真吃饭。

同伴一起来

和同学们一起说说自己的缺点，并说说自己今后怎样改正这些缺点，请同学们帮助和监督。

爸爸妈妈一起来

和爸爸妈妈一起说说自己的缺点，并说说自己今后怎样改正这些缺点，请爸爸妈妈帮助。

25 阅读与写作

做一做

____

小白兔在菜园里________了一个大南瓜，可是南瓜又大又重，小白兔搬不动。怎么办呢？小白兔看见小猴子骑自行车从身边经过，它终于想出________来了。小白兔滚着南瓜向家里走去。

1. 短文共有________句话。

2. 给短文加个题目。

3. 在文中“____”填上合适的词。

4. 照样子，写词语。

又大又重　________　________　________

5．小白兔是怎么想出办法来的？说一说，写一写。

____

____

____

同伴一起来

照样子，写句子。

例：荷叶挨挨挤挤的，像一个个碧绿的大圆盘。

露珠晶莹透亮，像____。

云雾笼罩在山头，像______________________________________。

树上挂满了红柿子，像______________________________________。

爸爸妈妈一起来

看图并想象写话。

想想是什么时间，什么地点，谁在干什么，他们会说些什么。先自己说一说，再说给爸爸妈妈听一听，和爸爸妈妈一起把看到的、想到的写下来。

26 用乘法口诀求商（二）

本课让同学们进一步熟练运用乘法口诀求商，并帮助同学们进一步利用乘法口诀求商的知识解决实际问题，培养同学们的应用意识。

说一说

一年级一班有36人，
一年级二班有32人。

每张桌子坐4人。

一班学生要坐几桌？

36÷4=9（桌）

想口诀：四（九）三十六，商是9。

二班学生要坐几桌？

32÷4=8（桌）

想口诀：四（八）三十二，商是8。

试一试

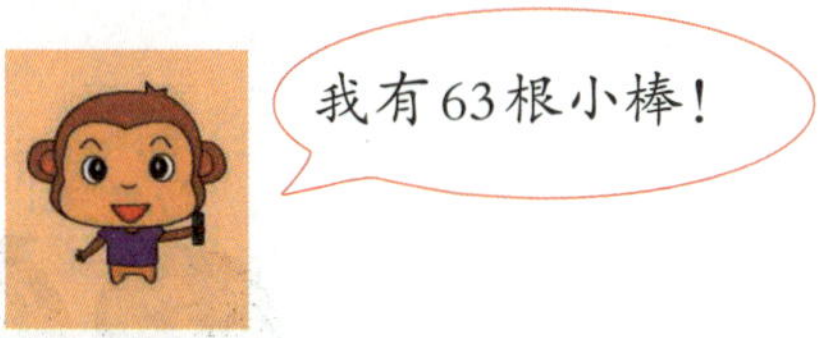

小猴有63根小棒，每份9根，可以分(　　)份。________________

小熊有63根小棒，平均分成7份，每份(　　)根。______________

练一练

两只小刺猬想请小朋友猜一猜，算一算。

小刺猬有36个梨，6次背完，平均每次背(　　)个。____________

另一只刺猬每次背9个，36个梨需要背(　　)次。______________

同伴一起来

口算：一人说除法算式，另一人迅速说出得数，并说出是怎样想的。

爸爸妈妈一起来

回家给父母说说是怎样用乘法口诀求商的，父母评议。

27 胶水胶水粘什么

小游戏：胶水胶水粘什么。

同学们说：胶水胶水粘什么？

老师说：粘耳朵。

同学们就把耳朵靠在一起。

想一想：还可以粘身体哪些部位？

唱一唱，做一做

几朵花

一朵花，好孤单；

两朵花，手拉手；

三朵花，抱成团。

同伴一起来

和小伙伴一起玩“胶水胶水粘什么”的游戏。

爸爸妈妈一起来

和爸爸妈妈一起读《拍手歌》，并做一做。

拍手歌

你拍一，我拍一，一个小孩坐飞机；
你拍二，我拍二，两个小孩梳小辫；
你拍三，我拍三，三个小孩去爬山；
你拍四，我拍四，四个小孩写大字；
你拍五，我拍五，五个小孩在跳舞；
你拍六，我拍六，六个小孩吃石榴；
你拍七，我拍七，七个小孩做游戏；
你拍八，我拍八，八个小孩吹喇叭；
你拍九，我拍九，我们都是好朋友；
你拍十，我拍十，动手动脑长知识。

28 我真行

我们每个人都有自己的优点，有自己擅长做的事情，我们都很棒！

同伴一起来

和同伴一起，相互说说对方的优点。

爸爸妈妈一起来

1. 给爸爸妈妈说说今天我哪些事情做得好。
2. 请爸爸妈妈说说我小时候做得好的事情。
3. 请爸爸妈妈说说比起以前，我有哪些进步。

29 学习能力综合训练（二）

听一听，找一找

同学们，听故事《云姑娘》，回答问题。

1. 你听到故事中有几个“姑娘”，几个“的”？
2. 云姑娘穿灰衣裳了吗？
3. 云姑娘穿了哪些颜色的衣裳？

选一选

听老师读词语，选出对应的字打上“√”。

（1）

	1	2	3	4	5	6
竹						
足						

（2）

	1	2	3	4	5	6
四						
十						

（3）

	1	2	3	4	5	6
目						
木						

找相同

找一找，到底有几个木，几个禾，几个八，几个入？

木	禾	八	入	木	禾	八	木	禾	八	入	木	禾	八
禾	八	八	禾	入	入	入	八	入	木	禾	八	木	木
八	入	木	禾	八	木	木	禾	八	八	禾	入	入	入
木	禾	八	入	木	禾	八	入	木	禾	八	入	入	禾

同伴一起来

听小伙伴读一串有遗漏的数列（如：3，4，5，6，8，9，11，12，13，14），找一找哪几个数字遗漏了。

爸爸妈妈一起来

爸爸妈妈在语文课本中找5个词语，并读出来。孩子用一分钟把词语记住；然后听爸爸妈妈重复读其中的4个词语，说说哪个词语读漏了。

部分参考答案及材料

7　表内乘法（一）

练一练

1.28；10；18；18

2.3；3；3；9

11　字词训练

做一做

代表　川流　仙丹　华夏子孙　佳音　吉祥　初中　端正　敬礼　夕阳　值日生　司令　将军　桌子　爬山　盯着　谢谢　慢慢　使劲　兴奋　紧张　叔叔　战争　一些

爸爸妈妈一起来

斗笠（lì nì）	石径（jìn jìng）	绝对（jué juě）
行踪（zōng zhōng）	渔翁（wōng wēng）	垂（cuí chuí）
路（lù nù）	钓（diào dào）	侧（cè chè）
映（yìn yìng）	遥（yáo yǎo）	树梢（sāo shāo）
骄傲（jiāo qiāo）	编（biān piān）	辫子（biàn bàn）
光滑（huá fá）	纱（sā shā）	战（zà zhàn）
抗（káng kàng）	搞（gáo gǎo）	纺（fáng fǎng）

12　表内乘法（二）

填一填、背一背

七八五十六；七九六十三；八九七十二

练一练

42；40；54；54；8；9；7；9

14 学习能力综合训练(一)

听一听,找一找

听力材料

春天到了

春天到了,姐姐带着弟弟到公园玩。公园里的花开了,有红的,有粉(fěn)的,有白的,有黄的,真好看。弟弟要摘(zhāi)花,姐姐说:"公园里的花是给大家看的,不能摘。"

找不同

第一组:

1. 春天来了,我的学校真美。

2. 春天来了,我们学校真美。

第二组:

1. 老爷爷牵着狗慢慢地走。

2. 老爷爷牵着狗慢慢地散步。

第三组:

1. 请问,这是你的书包吗?

2. 请问,那是你的书包吗?

15 金鸡独立

做一做

活动程序:

①学生学习"金鸡独立"的动作。教师请部分学生在讲台上进行示范。

②小组PK,全体成员起立,一起进行比赛。坚持时间最久的学生属于哪一组,则该小组加分。

③伴随着舒缓的音乐反复练习,让学生根据投影上的时钟记录自己每一次坚持的时间,不断激励自己。

16 句式训练（二）

做一做

2.(1)我多想有一支马良的神笔。

(2)高高的蓝天上飘着几朵白云。

(3)今天是我的生日。

同伴一起来

(一)4 1 3 2 5 (二)2 4 5 1 3

17 测量长度

试一试

50;4;30;1

练一练

1.(1)对;(2)错;(3)对;(4)错

2. 30;8;70;100

19 认识我的身体

认一认

参考活动:指鼻子。教师让学生根据身体图指认身体部位,积累相应的身体词汇:头(头发、眼睛、眉毛、鼻子、耳朵、嘴巴、脸)、脖子、肩、手、手臂、胸部、腰、背、屁股……教师说口令“指鼻子、指下巴、指胳膊……”,学生指出相应的身体部位。

爸爸妈妈一起来

参考活动:家长一边拍手一边说代入身体部位的口令,孩子做相应的动作。如:“拍拍手、拍拍肩、拍拍你的鼻子,拍拍你的嘴……”

趣味提升:

一、教师拍手和说口令的速度可以时快时慢。

二、让学生模仿老师说口令。

21　阅读训练

做一做

(一)1. 3　2.略　3.小草　花

(二)1.马路　田野　沙漠　荒山　2.略

同伴一起来

1. 4　2.猫　狗　啄木鸟　舌头　3.略

爸爸妈妈一起来

1. 5　2.长长的　圆溜溜的　又细又长又硬　3.黄一道　黑一道　白色

22　用乘法口诀求商(一)

试一试

1. 16÷2=8(根)

2. 16÷4=4(米)

练一练

1. 36÷6=6(倍)

2. 8×6=48(人)

25　阅读与写作

做一做

1. 4　2.略　3.摘了　办法　4.又红又大　又长又尖　又白又胖　5.略

26　用乘法口诀求商(二)

试一试

1.(7)份;63÷9=7(份)

2.(9)根;63÷7=9(根)

练一练

1.(6)个;36÷6=6(个)

2.(4)次;36÷9=4(次)

27 胶水胶水粘什么

唱一唱,做一做

参考活动:几朵花。教师说“一朵花”,学生双手抱于胸前,回答“好孤单”;教师说“两朵花”,学生马上找一个同学手牵手,回答“手拉手”;教师说“三朵花”,学生马上组成三人小组抱在一起,回答“抱成团”。

同伴一起来

参考活动:胶水胶水粘什么。学生问教师:“胶水胶水粘什么?”教师回答:“粘耳朵。”学生马上两人一组,把耳朵贴在一起。教师回答:“粘左手。”学生马上两人一组,把左手贴在一起。

29 学习能力综合训练(二)

听一听,找一找

云姑娘

天上的云姑娘喜欢五颜六色的衣服。早上,云姑娘穿着一身白色的衣服。傍晚,云姑娘穿着一身红红的衣服。快下雨时,云姑娘穿了一身黑色的衣服。

选一选

(1)竹林　竹子　手足　足下　楠竹　竹笋

(2)四个人　十个人　四只鸟　十头牛　四种药　十枝花

(3)木头　眼目　乌木　木头人　目不转睛　目光

特殊需求儿童

融合教育手册（上册）

主　　编：张文京
副主编：李　丹
本册统筹：廖诗芳
本册编者：杜艾静　李　丹　李乐惠　胡加华
吴燕毅　赵　婕　鲁顺容　廖诗芳
绘　　图：张　昆　骆　阳　冯　婷

三年级

西南师范大学出版社
国家一级出版社　全国百佳图书出版单位

图书在版编目(CIP)数据

特殊需求儿童融合教育手册. 上册 / 张文京主编
. — 重庆 : 西南师范大学出版社, 2019.10
ISBN 978-7-5621-4822-7

Ⅰ. ①特… Ⅱ. ①张… Ⅲ. ①儿童教育 - 特殊教育 - 手册 Ⅳ. ①G76-62

中国版本图书馆CIP数据核字(2019)第220801号

特殊需求儿童融合教育手册·上册
TESHU XUQIU ERTONG RONGHE JIAOYU SHOUCE·SHANGCE

主　　编:张文京
副 主 编:李　丹

责任编辑:杨光明
责任校对:胡君梅
封面设计:起源
排　　版:重庆大雅数码印刷有限公司
出版发行:西南师范大学出版社
地址:重庆市北碚区天生路2号
邮编:400715
网址:www.xscbs.com
印　　刷:重庆荟文印务有限公司
幅面尺寸:185mm×260mm
印　　张:28.5
字　　数:380千字
版　　次:2019年12月　第1版
印　　次:2019年12月　第1次
书　　号:ISBN 978-7-5621-4822-7

定价(共六册):90.00元

给老师和家长的话

各位老师、家长：

你们好！这是提供给融合教育中有特殊教育需求的孩子的支持性学习手册。

本手册共12册，每学期一册，每册的学习内容与每学期的学科学习基本同步。每册有28课或29课，平均每周完成2课左右。全部手册包括三大部分内容：学校适应、学习活动、自我成长。其中，"学校适应"包含：适应学校环境、遵守学校常规、人际沟通、参与活动、品行；"学习活动"包含：学习能力、学习态度、学习策略；"自我成长"包含：自我引导、自我规划、自我评价、自我调控、自我增强。

本手册由教师、家长支持各位孩子在学校、家庭中实施。手册具有建议性、支持性，在使用过程中可以依据孩子的具体情况灵活选用，不必拘泥于某册某课。具体使用建议如下：

一、教师与家长沟通，家校合作

教师与家长沟通、家庭与学校合作是帮助特殊需求孩子获得有效学习的基础。

二、教师、家长以身作则

教师、家长应成为孩子的榜样。要求孩子做的，教师、家长要先做到。例如：不随地吐痰、走人行横道线等。教师、家长要时刻注意自己的言谈、举止、处事和待人之道。想培养有教养的孩子，需要有教养的教师和家长。

三、保持教师、家长教育的一致性，在"温柔的坚持"中实施教育

教师、家长应保持对学生教育态度和要求的一致性，共同秉承"温柔的坚持"的教育原则，面对规则要求不破例、不轻言放弃。

四、相互尊重、平等的教育教学

在教育教学中，教师、家长、孩子三者是平等与相互尊重的关系。教师与家长是支持者、信息提供者；孩子是问题提出者、主动学习者。教学双方共同参与，共同进步，共同分享。

五、在具体情境中关注行为习惯的养成教育

情境教学是学校、家庭、社区教育的首选。用餐时学餐饮礼仪，解题时教思维步骤等，以情境施教，在具体情境中关注行为习惯的养成教育。关注良好行为习惯的养成是教育教学的重点。

六、小步子、多重复、多感官，循循善诱

对特殊需求孩子的教育，常将整体、大问题分为小步进行。用总分总的思路，多次重复，调动眼、耳、口、鼻等多感官参与。教育教学时要心平气和，不急不躁，尝试多种方法，创造多种策略。

七、多鼓励表扬，给予成功的教育

在学校、家庭的教育中，“要这样做”应多于“不准这样做”，要表扬多于批评。不要让孩子有过多的挫败，而应创设成功的可能，多关心、鼓励和肯定。战胜困难后获得的成功最具推动力。

八、把握教育的度，让孩子自我选择，自己做决定

了解孩子的起点、水平、兴趣、需求、愿望，让孩子自我选择，自己做决定；给孩子承担责任的机会。教育要适量、适时、适度，不可不及，也不要太过。

九、教育最终让孩子成为他自己

家庭、学校教育的最终目的是顺应孩子的自然天性，让他成为他自己，成为一个独立、自主的人！

编者

给同学们的话

亲爱的同学们：

从今天开始你们已经正式成为小学三年级的学生了。

经过一二年级的打磨，你们已经逐步适应了小学生活，掌握了学校学习的节奏。三年级的课业中增加了许多有趣的数学乘法和除法运算技巧，还有学拼音、写词语、整理段落顺序等你们喜欢的学习内容，以及学校与社区中需要你们了解与遵守的规则、行为。通过这些学习，你们的社会交往能力、运算能力、观察能力都将得到提升，你们将变得更加自信与快乐！

祝你们每一天都开心快乐！

你们的大朋友

目 录

（三年级）

SCHOOL

开学啦

1 日常生活安全

看一看，想一想，下面图中同学的行为有什么危险？

小朋友在家玩火

小朋友把取暖器太靠近沙发

小朋友在森林中野餐

小朋友在家开燃气灶

同伴一起来

和小伙伴们一起说说还有哪些与火有关的危险行为。

爸爸妈妈一起来

1. 和爸爸妈妈一起说说要怎样预防家中火灾。

2. 和爸爸妈妈一起在家中演习用水或灭火器灭火。

2 学习能力综合训练

听一听

1. 同学们，听一听《秋天，是什么颜色？》，找一找诗中共有几个“的”字。

2. 诗中说秋天是哪四种颜色？

3. 诗中写了哪些植物？

找一找

1. 有几个龙？

尤龙尤龙龙龙龙尤尤尤尤龙尤龙尤尤龙龙龙尤尤尤龙龙龙尤龙尤龙

尤尤尤尤龙尤龙尤龙龙龙龙尤尤尤尤龙尤龙尤尤龙尤尤尤尤龙尤龙

2. 有几个已？

已己己已已已已己己已己已己已已己己已已己己已己已己已已己己

己己已已已已己己已己已己已已己己已已己已己己已已已已己己已

3. 有几个巨？

巨区区区巨巨巨区区巨区巨区巨巨区区区巨巨区区巨区巨区巨区巨

区区区区区区区巨巨巨巨巨区区巨区巨巨巨巨区区巨区巨巨巨区巨

记一记

听老师读词语，用一分钟把这些词语记住；然后听老师再读一遍，说说哪里不一样。

找不同

同学们，对照上下文，写出漏掉的字。

正是橙黄橘绿时。菊残犹有傲霜枝。植物要旅行靠的什么办法？蒲公英妈妈准备了降落伞，把它送给自己的娃娃。植物妈妈的办法很多很多，不信你就仔细观察。勤劳的人们画出秋天的图画。

正是黄绿时。菊犹有傲霜枝。植物要行靠的什么办法？蒲公英妈准备了降落伞，把它送给自的娃娃。物妈妈的办法很多很多，不信你就仔细观。劳的人们画出秋天的图画。

选一选

听老师读词语，选出对应的字打上"√"。

①	1	2	3	4	5	6	7	8	9
经									
径									

②	1	2	3	4	5	6	7	8	9
壮									
状									

同伴一起来

和小伙伴从前面"找一找"和"找不同"中任选一题再一起做一做。

爸爸妈妈一起来

请爸爸妈妈帮忙读一则短新闻，小朋友一边听一边找出里面有几个"的"字。

3 形近字比较

同学们，在我们的汉字王国中，有许多汉字娃娃的样子虽相似，读音却不同，所表达的意思和用法也完全不同。你能根据它们的意思组词吗？自己试着做一做。

辨一辨

肢（四肢）	组（　　）	领（　　）	桶（　　）	桩（　　）
枝（　　）	阻（　　）	拎（　　）	通（　　）	脏（　　）
技（　　）	祖（　　）	冷（　　）	捅（　　）	庄（　　）
者（　　）	孝（　　）	奴（　　）	旦（　　）	捡（　　）
屠（　　）	老（　　）	怒（　　）	坦（　　）	检（　　）
著（　　）	考（　　）	努（　　）	昼（　　）	验（　　）
狠（　　）	追（　　）	抱（　　）	逢（　　）	及（　　）
艰（　　）	泊（　　）	泡（　　）	锋（　　）	极（　　）
很（　　）	拍（　　）	饱（　　）	蜂（　　）	吸（　　）
狼（　　）	柏（　　）	跑（　　）	峰（　　）	级（　　）

填一填

yè　作（　　）　（　　）码　树（　　）　（　　）晚　摇（　　）

xī　熟（　　）　东（　　）　（　　）望　（　　）少　清（　　）

zhì (　　)作　布(　　)　(　　)量　(　　)慧　(　　)向

què 麻(　　)　喜(　　)　(　　)实　正(　　)　孔(　　)

练一练

坏(　　)	验(　　)	沃(　　)	斯(　　)	蜂(　　)
__(　　)	__(　　)	__(　　)	__(　　)	__(　　)
狠(　　)	搂(　　)	馒(　　)	周(　　)	知(　　)
__(　　)	__(　　)	__(　　)	__(　　)	__(　　)

改一改

读下面的句子,用"___"标出用错的字,然后改正过来。

篮天上漂着一朵朵白云。太阳照着大地。花圆里,鲜花尽情的开放,小蜜峰在忙着采密。农民伯伯在田里幸勤地劳动者。

同伴一起来

和小伙伴一起做做"辨一辨",看谁做得又快又好。

爸爸妈妈一起来

和爸爸妈妈一起找一找课文中的形近字并组词。

4 年、月、日

本次辅助教学意在进一步帮助同学们认识年、月、日等时间单位，了解它们之间的关系，并能正确判断大月、小月。

学一学

观察年历，解决以下问题。

(1)1年有(　　)月。

(2)把各月的天数填入下表。

月份	1	2	3	4	5	6	7	8	9	10	11	12	合计
天数(天)													

练一练

1. 填空。

(1)完成下表中的内容。

年	1年有(　　　)个月
月	31天的月份有(　　　　　　　　　　　　　　　　) 30天的月份有(　　　　　　　　　　　　　　　　) 28天的月份有(　　　　　　　　　　　　　　　　) 29天的月份有(　　　　　　　　　　　　　　　　)
日	1天有(　　　)时

(2)中华人民共和国是(　　)年(　　)月(　　)日成立的，到今年10月1日经过了(　　)周年。

(3)我是(　　)年(　　)月进入小学学习的，在小学已经学习(　　)年了。

(4)我的生日是(　　)月(　　)日，爸爸的生日是(　　)月(　　)日，妈妈的生日是(　　)月(　　)日。

同伴一起来

和小伙伴一起说一说，一年有多少个月，每个月各有多少天。

爸爸妈妈一起来

和爸爸妈妈一起说一说家里每一位成员的生日。

5 爱护公共环境

看一看

我们的小区又干净又漂亮，小朋友们都喜欢到儿童乐园玩耍。

我们的广场空气清新，周围的绿化带整齐而茂盛。

说一说

1. 请同学们说一说，图中的居民做得对不对？为什么？

2. 遇到图中的情况时，我们应该怎么做？

3. 引导学生在日常生活和学习中爱护公共环境，包括公共环境的清洁卫生和花草树木等。

做一做

1. 请同学们到小区或就近的生活广场，帮助清洁工人清理地面的垃圾。

2. 在遇到有人乱扔垃圾时，能及时告知垃圾桶所在的位置，请他们爱护我们的公共环境。

同伴一起来

和小伙伴一起带上清洁工具到平时玩的广场上清理地面的垃圾。

爸爸妈妈一起来

和爸爸妈妈一起将家中的垃圾分类后投入垃圾桶里。

6 学习能力综合训练

找一找

1. 听故事《猫头鹰》，你听到了故事中有几个“它”字，几个“鹰”字？
2. 猫头鹰的眼睛和别的鸟儿不同，有哪些不同？
3. 猫头鹰的耳朵和什么动物的耳朵长得像？

连一连

同学们，将方框里的字按照给定顺序连起来吧！

1. 处理
2. 补习班
3. 我很疲倦
4. 体育课不休息
5. 外婆给弟弟喂饭
6. 这是一次普通的展览

处	补	我	体	育
习	理	疲	外	普
很	班	婆	次	通
给		一		课
的	弟	是	不	
展	喂	饭	这	
弟	览	休	息	倦

选一选

听老师读词语，选出对应的字打上“√”。

①

	1	2	3	4	5	6	7	8	9
店									
踮									

②

	1	2	3	4	5
你					
您					

看一看

同学们，看老师出示的5个词，用一分钟把它们都记住。然后在下面的句子里找一找，看看这5个词藏在哪里？用彩色笔把它们圈出来。

1. 小刚学习拉二胡。

红红在旁边唱京戏。

英子在练习弹钢琴。

李小青是我们班的劳动委员。

教室里静悄悄的，大家都在想问题。

2. 林老师亲切地说："王宁，说说吧，你为什么选自己？"

闹钟响了，元元打了个哈欠，在小床上翻了个身，心想：再睡一分钟吧，就一分钟，不会迟到的。

计算机的普及要从娃娃抓起。

同伴一起来

和小伙伴一起再做一做"看一看"，比比看谁最先完成。

爸爸妈妈一起来

和爸爸妈妈一起观察小狗和小猫在外形上有什么相同点和不同点。

7 词语练习

词语王国里藏着无穷的知识，快去游一游吧！

练一练

一本正(经)	堆(　)如(　)	千千(　)(　)
将信将(　)	良师(　)友	有(　)有(　)
一(　)一(　)	东(　)西(　)	(　)长(　)久
(　)入(　)出	辞(　)迎(　)	(　)出(　)归
将(　)将(　)	时时(　)(　)	(　)躲(　)藏
(　)惊(　)怪	(　)(　)之鸟	守(　)待(　)
(　)(　)识途	画(　)点(　)	胸有(　)(　)
狐(　)(　)威	揠苗(　)(　)	(　)滴(　)穿
(　)不成声	气急(　)坏	赞不(　)口
(　)鸟先飞	精卫(　)海	老马识(　)
(　)羊补牢	兴致(　)(　)	不由自(　)
迫不及(　)	(　)心(　)手	大(　)小(　)

写一写

著名—(有名)	喜爱—(　　)	剧烈—(　　)	急忙—(　　)
茁壮—(　　)	赞叹—(　　)	亲切—(　　)	言语—(　　)
观赏—(　　)	表扬—(　　)	气愤—(　　)	惊讶—(　　)
浓密—(　　)	特征—(　　)	喜悦—(　　)	精细—(　　)
英武—(　　)	发现—(　　)	守护—(　　)	容忍—(　　)
哀伤—(　　)	顿时—(　　)	感激—(　　)	

同伴一起来

和小伙伴一起做做“练一练”，看谁做得又快又好。

爸爸妈妈一起来

和爸爸妈妈一起再做一做“写一写”，看看能不能找出更多的近义词。

8 长方形和正方形的周长

本次辅助教学意在进一步加强同学们对长方形、正方形的周长计算公式的认识，能正确计算长方形、正方形的周长。

学一学

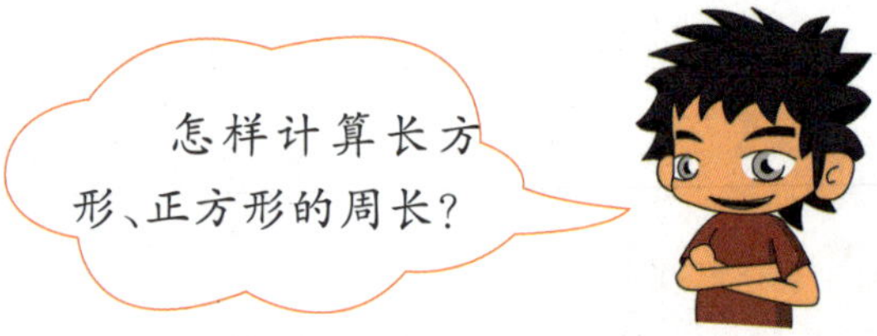

用分别长9厘米和6厘米的小棒各两根摆一个长方形，这个长方形的周长是多少厘米？(单位:厘米)

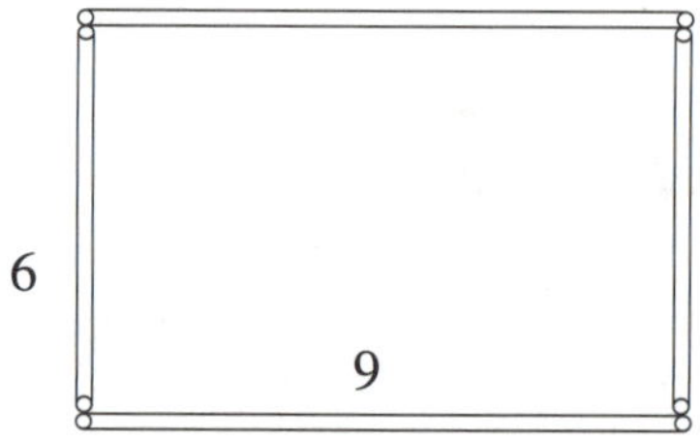

长方形的周长=(长+宽)×2

(9+6)×2=30(厘米)

看看下面的正方形有什么特点，想想怎样计算正方形的周长。(单位:厘米)

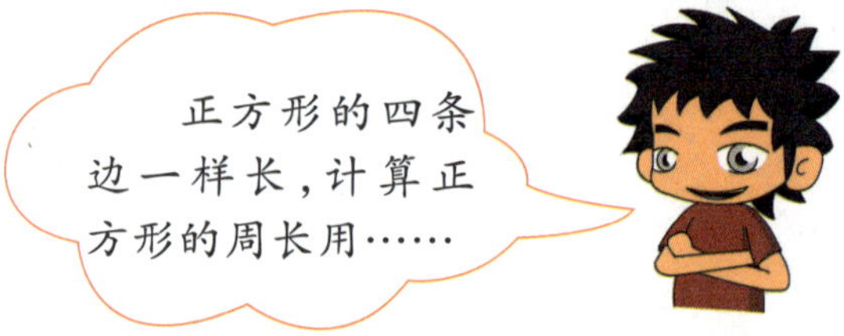

正方形的周长=边长×4

6×4=24(厘米)

试一试

计算下面图形的周长(单位:厘米)。

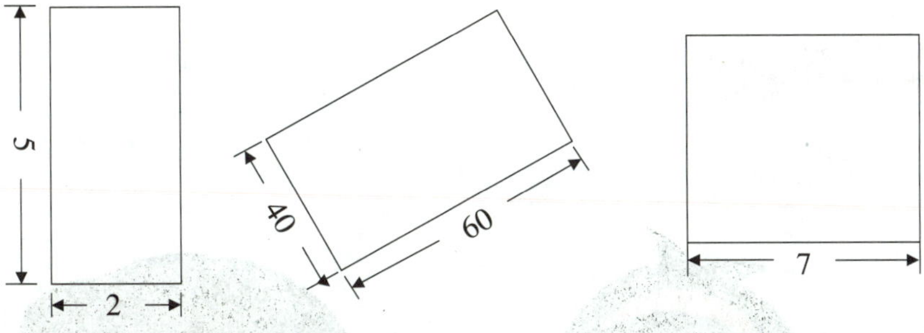

练一练

填表。(单位:厘米)

图形	长	宽	边长	周长
长方形	7	5	—	
	13	6	—	
	24	18	—	
正方形	—	—	15	
	—	—	46	

同伴一起来

和小伙伴一起量一量课桌的长和宽,并计算出它的周长。

爸爸妈妈一起来

和爸爸妈妈一起找一找家中的长方形和正方形,并测量它们的边的长度,计算出它们的周长。

9 自画像

认一认

●照片观赏会

●照镜子

照一照，说一说，你长什么样儿？

做一做

●画画自己吧！把自己的唇印和手印留在自己的画像上。

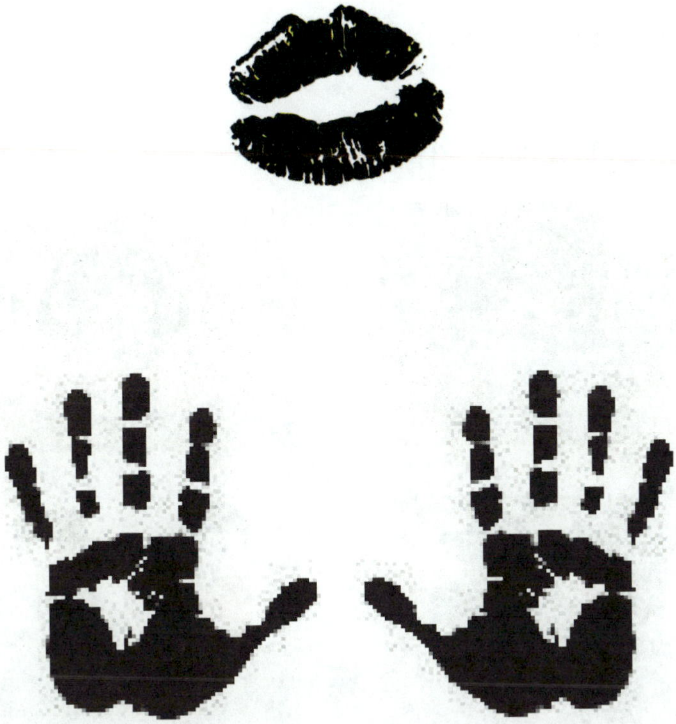

同伴一起来

和小伙伴一起说一说自己有哪些与众不同的特点。

爸爸妈妈一起来

和爸爸妈妈一起说说自己在哪些地方像爸爸，哪些地方像妈妈。

10 培养自己的兴趣爱好

看一看

说一说，下面的人都在干什么？

说一说

1. 除了上面这些活动，同学们还经常参加哪些活动？

2. 同桌互相说一说，你喜欢做什么，为什么？

同伴一起来

和小伙伴一起相互说一说自己喜欢做的事，看看有什么不同。

爸爸妈妈一起来

和爸爸妈妈一起做一做自己喜欢做的事。

11 学习能力综合训练

说一说

1. 听故事《什么最美?》,你听到故事中有几个“美”字?

2. 为什么大象伯伯说小兔找到了最美的事物?

3. 故事里有哪些动物?

辨一辨

1. 到底有几个“候”?

候侯猴候侯猴候侯猴候侯猴候侯猴候侯猴候侯猴候候侯猴候候侯猴候候侯猴候

2. 有几个“伸”?

伸申申伸伸伸申申申申申伸伸伸申申伸伸伸申申伸伸伸申伸伸伸申申伸伸伸申

3. 有几个“诚”?

诚城诚城城诚诚诚城城诚城诚城城诚诚诚城城诚城诚城城诚诚诚城城诚城诚城

4. 有几个“凑”?

凑奏奏凑奏凑凑奏奏凑奏凑奏奏凑奏凑奏凑凑奏奏凑奏凑奏奏凑奏凑凑奏奏凑

找一找

同学们,听2组句子,找一找哪里不一样。

读一读

你能倒着读完下面的短文吗？试一试吧。

可爱的小花猫

。音声儿点一有没来路起走，爪小的样一钩鱼像个五着长面上，的色白是子爪个四有只。纹花的道一黑、道一黄了满长身全猫花小

。动摆回来是总，巴尾的长长条一有还它

。动活的鼠老察侦在像好，看看儿那，走走儿这就它，上晚到一。噜呼打地停不还里嘴，觉睡爱是总猫花小，天白

。猫花小的爱可只这欢喜常非我

记一记

听老师读词语，用一分钟把词语记住。然后听老师再读一遍，说说哪里不一样。

同伴一起来

和小伙伴一起做“辨一辨”，看谁做得又快又好。

爸爸妈妈一起来

和爸爸妈妈一起读一读“可爱的小花猫”。

12 词语练习

连一连

河水	飘香	寄托	香味	积雪	歌唱
树木	盛开	散发	理想	大地	开放
瓜果	发芽	滋润	世界	花儿	铺绿
花儿	流淌	传遍	歌喉	鸟儿	融化
水流	咆哮	祝贺	比赛成功	弱小的	烛光
波涛	呼叫	祝福	祖国强大	微弱的	身体
江风	汹涌	祝愿	生日快乐	柔弱的	声音
江水	湍急				

填一填

(　　　)的国旗　　(　　　)的操场　　(　　　)地说

(　　　)的枫叶　　(　　　)的红领巾　　(　　　)地笑

(　　　)的电脑　　(　　　)的玩具　　(　　　)地散

(　　　)的作品　　(　　　)的蝴蝶　　(　　　)地离

选一选

温暖　　温和

1.听了他热情的话,我心里感到一阵(　　　)。

2.李老师说话时态度亲切,语气(　　　),大家都喜欢她。

耐心　细心　虚心

1. 做算术题特别要(　　　)，不然容易出错。

2. 帮助别人要有(　　　)，听取别人意见要(　　　)。

寂静　平静

1. 这件事终于结束了，我的心情非常(　　　)。

2. 在(　　　)的夜里，听一听外面有什么声音吧！

愿望　失望　希望

1. 我有一个美好的(　　　)，(　　　)能乘着宇宙飞船去太空遨游。

2. 我一直(　　　)能亲眼看见孔雀开屏，可是今天在百鸟园等了半天也没能看到，真让人(　　　)。

同伴一起来

和小伙伴一起做做"连一连"，看谁做得又快又好。

爸爸妈妈一起来

和爸爸妈妈一起做一做"填一填"，看能想出多少词。

13 两位数乘一位数的笔算

本次辅助教学意在进一步帮助同学们掌握两位数乘一位数的笔算方法，能正确计算两位数乘一位数的笔算乘法。

学一学

1. 12×3=36

$$\begin{array}{r} 1\ \ 2 \\ \times\quad 3 \\ \hline 3\ \ 6 \end{array}$$

想：首先末尾数对整齐，然后用3和个位上的2相乘得6，竖式对准个位写6；再用3和十位上的1相乘得3，竖式对准十位写3。所以，12×3=36。

2. 16×4=64

$$\begin{array}{r} 1\ \ 6 \\ \times\quad {}_{2}4 \\ \hline 6\ \ 4 \end{array}$$

想：首先末尾数对整齐，然后用4和个位上的6相乘得24，满20要向十位进2，在个位的左边写小2（如竖式中的2），竖式上得数的个位就写4；再用4和十位上的1相乘得4，再用4加个位进上来的2得6，竖式对准十位写6。所以，16×4=64。

试一试

12×4=　　　　23×3=　　　　25×3=　　　　18×2=

练一练

1. 说一说你是怎样计算25×3的。

2. 计算。

24×2=　　　　3×22=　　　　36×2=　　　　4×24=

同伴一起来

和小伙伴一起做做“练一练”的第2小题，看谁做得又好又快。

爸爸妈妈一起来

和爸爸妈妈一起说一说两位数乘一位数的笔算方法。

14 如何应对他人的嘲笑和抱怨

看一看

上课时，一位同学在黑板上将计算题做错了，下面的同学正嘻嘻哈哈地用手指着他笑。

课间，同学之间发生了不愉快，其中一位正大声地抱怨对方事情没做好，让他今天不能按时回家。

说一说

1. 说一说，上面这幅图中坐在下面的同学的行为对不对？为什么？

2. 说一说，如果你是其中的一位同学，这时你应该怎么做？

3. 试想一下，如果你是做题的同学，遇到这种情况时你可以怎么做？

同伴一起来

和小伙伴一起模拟上图中的情境，分别扮演图画中的同学，并做出恰当的应对。

爸爸妈妈一起来

和爸爸妈妈一起说一说，当别人嘲笑自己的缺点时，我们应该如何恰当地应对。

15 学习能力综合训练

找一找

1. 听故事《小时钟》，你听到了故事中有几个“只”字？几个“钟”字？

2. 故事中的一只旧钟认为走多少次以后会吃不消？

听一听

同学们，听老师念几组数列，写出漏掉的数字。

1.________________

2.________________

3.________________

4.________________

5.________________

6.________________

找一找

同学们，对照上下文，写出漏掉的字。

我们要学会取长补短，相得益彰。 如果我们管中窥豹，往往会把事情办糟。 一叶障目，不见泰山，这是多么可悲的现象。 我们做事要遵循事物的发展规律，顺其自然，水到渠成。 细长的葫芦藤上长满了绿叶。 小柳树低下头，说：“说我不会结枣子呗……”

我们要学会取长补短，相得益　。
如果我们管中窥　，往往会把　情办糟。
一叶　目，不见泰山，这是多　可悲的现象。
我们做要遵　事物　展规律，顺其自然，水到　成。
细　的葫芦　上长满了绿叶。
　柳树低下头，说："说我不会结枣子　……"

看一看

同学们，看老师出示的5个词，用一分钟把它们都记住。然后在下面的句子里找一找，这5个词藏在哪里？用彩色笔圈出来。（共两组）

1. 小松鼠把狐狸说的话告诉了小兔子。
 葡萄架下有一只狐狸。
 瓜熟蒂落，在这丰收的好时节，人们欢天喜地。
 拔苗助长，这是不对的做法。
2. 管中窥豹，你对事物的判断是不准确的。
 我们不要一叶障目，连同学对你的真情都看不见。
 那个人感到很奇怪，他说："什么？大树上的虫子还用治？"
 不动脑筋的种田人拔苗助长，最后是徒劳无功，禾苗全枯死了。

同伴一起来

小伙伴一起配合，一个人故意错读课文，另一个人找找哪里错了。

爸爸妈妈一起来

爸爸妈妈读一串数字（如：1，2，4，5，6，8，9），小朋友找出漏掉的数字。

16 句子训练

做一做

把下列排列错乱的句子整理成一段通顺的话，在（　　）里填上适当的序号。

（1）

（　　）到了雨季，这种树就生出一些枝条和心形的叶片。

（　　）所以，人们叫它瓶子树。

（　　）在南美洲的高原上，生长着一种高大、奇特的树。

（　　）雨季一过，绿叶纷纷败落，红花纷纷开放。

（　　）这时，一棵棵树就像插满红花的大花瓶。

（2）

（　　）这就是世界闻名的“诺贝尔奖”。

（　　）他一共有150项发明。

（　　）他在临终前写了一份遗嘱，要求将他的遗产分为两部分。

（　　）这些发明使他得到很多钱。

（　　）其中一部分钱用来奖励各个领域杰出的人。

（　　）诺贝尔的一生都是在实验室中度过的，他战胜了一次次的失败，获得了一次次的成功。

（3）

（　　）当时，弟弟也在旁边，一动也不动，神情是那么专注。

（　　）原来他也在一旁暗暗地认字啊。

（　　）妈妈教了几遍后，要我从卡片中找出“伯”字来。

(　　)记得我小时候，妈妈做了很多卡片，教我认“叔叔”“伯伯”“阿姨”这些字。

(　　)我没找到，弟弟却伸出胖乎乎的小手，把那张卡片挑了出来。

改一改

用学过的修改符号在原句上修改病句。

(1)同学们非常爱护时间。

(2)花坛里盛开着五颜六色的红花。

(3)在晚会上表演了精彩的节目。

(4)爷爷的身体。

(5)我忘不了那件有意思的趣事。

(6)下课了，同学们继续走出教室。

(7)红红很关怀兵兵。

(8)大家都积极体育活动。

(9)在学习上，我们要善于发明问题，更要善于解决问题。

同伴一起来

和小伙伴一起按正确的句子顺序读一读“做一做”中的语句，看谁字词发音最准确。

爸爸妈妈一起来

和爸爸妈妈一起检查“改一改”中病句的修改情况，并讨论改错的原因。

17 三位数乘一位数的笔算

本次辅助教学意在进一步加强同学们对三位数乘一位数的笔算方法的理解，能正确计算三位数乘一位数的笔算乘法。

学一学

1. 212×3=636

$$\begin{array}{r} 2\ 1\ 2 \\ \times\quad\ \ 3 \\ \hline 6\ 3\ 6 \end{array}$$

想：首先末尾数对整齐，然后用3和个位上的2相乘得6，竖式对准个位写6；再用3和十位上的1相乘得3，竖式对准十位写3；最后用3和百位上的2相乘得6，竖式对准百位写6。所以，212×3=636。

2. 235×4=940

$$\begin{array}{r} 2\ 3\ 5 \\ \times\ {}_{1}\ {}_{2}\ 4 \\ \hline 9\ 4\ 0 \end{array}$$

想：首先数位对整齐，然后用4和个位上的5相乘得20，满20要向十位进2，在个位的左边写小2（如竖式中的2），竖式上得数的个位就写0；再用4和十位上的3相乘得12，再用12加个位进上来的2等于14，满10要向百位进1，在百位的左边写小1（如竖式中的1），竖式上得数的十位就写4；最后用4和百位上的2相乘得8，再用8加上十位进上来的1得9，在百位写9。所以，235×4=940。

试一试

412×3=　　224×2=　　236×4=　　138×5=

练一练

1. 说一说你是怎样计算412×3的。

2. 计算。

212×4=　　323×3=　　135×3=　　318×2=

同伴一起来

和小伙伴一起相互说说，怎样计算三位数乘一位数？

爸爸妈妈一起来

和爸爸妈妈一起相互出三位数乘一位数的计算题，并计算出来。

18 考试不作弊，平时独立完成作业

独立完成作业

卓娅是苏联卫国战争时期的女英雄，她小时候和弟弟舒拉在同年级学习。

舒拉做作业总比卓娅快。有一次，已经很晚了，卓娅还在写呀，算呀。

舒拉问："你在做什么？"

卓娅说："做数学，这道题算不好。"

舒拉说："你看看我的答案。"

卓娅说："不用，作业是自己应当完成的任务。只有独立完成，学到的知识才扎实、牢固。还是让我自己想想吧！"

时间一分一秒地过去了，舒拉不耐烦地说："我睡觉去了，答案放在这里。"卓娅连头也不抬，仍旧冥思苦想。困了，她就用冷水洗洗脸，再接着做。舒拉的作业就放在旁边，只要她一伸手就可以拿过来，可是她连看也不看一眼，一直到深夜才把这道题做出来。

第二天，卓娅的作业和平时一样，得了5分。

说一说

1. 卓娅是怎样完成作业的？我们应该怎样完成作业呢？

2. 看图讨论：这样做作业的害处是什么？

同伴一起来

和小伙伴一起说说考试作弊的害处是什么。

爸爸妈妈一起来

和爸爸妈妈一起说一说，为什么平时要自己独立完成作业，考试时也不能作弊。

19 “水泥”房子

说一说

请你在内心世界里找一找，有没有一个安全的小房子，在这里，你能够感受到绝对的安全和舒适。

做一做

抄写范文，要求：字数在50~100字。

同伴一起来

给小伙伴们介绍自己的“小房子”。

爸爸妈妈一起来

和爸爸妈妈说说自己在“小房子”里可以做些什么。

20 阅读训练

读一读

认真阅读短文，说说短文讲了什么内容，然后完成练习。

花钟

夏天，天亮得早，我起得也早。

大约五点钟，我去湖边跑步，做早操，看见牵牛花已经开花了。每天都这样。

当我绕湖一圈，又爬到那座小山坡时，大约六点钟，我看见蒲公英也展开了它金黄的花冠。远远望去，好像满山坡都是点点阳光在闪烁。每天都这样。

我提醒自己，该回家了；吃过早餐，我就去上学。

我知道，当牵牛花开放的时候，我去锻炼身体；当蒲公英开放的时候，就该回家吃早餐了。我从没有迟到过。我知道许许多多的花都按时开放着。在花的学校里，花是遵守时间的孩子。

1. 短文共有(　　)个自然段。

2. 划去错误的拼音。

跑(pǎo paǒ)步　花冠(guān guāng)　遵(zūn zhūn)守

迟(chí cí)到　早操(cāo chāo)　闪(shǎn sǎn)烁

3.“我没有迟到过”的原因是(　　)。

A.“我”按时出去做早操,按时吃饭,按时去上学。

B.“我”本来就是个遵守时间的孩子。

C.“我”利用牵牛花、蒲公英定时开放的特点,按时做该做的事情。

4.用“______”画出第5自然段中的拟人句。

同伴一起来

和小伙伴一起讲一讲,短文中不同的花儿开放的时候各是什么时间?大家应怎么做?

爸爸妈妈一起来

和爸爸妈妈一起读一读短文。

21 两位数除以一位数

本次辅助教学活动，使学生学会两位数除以一位数的笔算方法，并能正确地进行计算。

学一学

1. 一共有36个月饼，平均分给3个组，每个组分到了多少个月饼？

36÷3=_________(个)

$$
\begin{array}{r}
12 \\
3\overline{)36} \\
3 \\
\hline
6 \\
6 \\
\hline
0
\end{array}
$$

想：先算被除数十位上的3，用3除以3，商是1；商1对齐被除数的十位，在商的位置上写1；接下来把被除数个位上的6移下来继续除，6除以3商2，写在商的个位上；最后写出余数0。

答：每个组分到了12个月饼。

2. 如果把这些月饼平均分给两个组呢？

36÷2=__________（个）

试一试

69÷3=　　　　86÷2=　　　　48÷4=

练一练

72÷3=　　　　54÷2=　　　　36÷3=

同伴一起来

和小伙伴一起做一做前面的练习题，看谁做得又快又好。

爸爸妈妈一起来

和爸爸妈妈一起说说怎样计算三位数除以一位数。

22 手指交叉

试一试

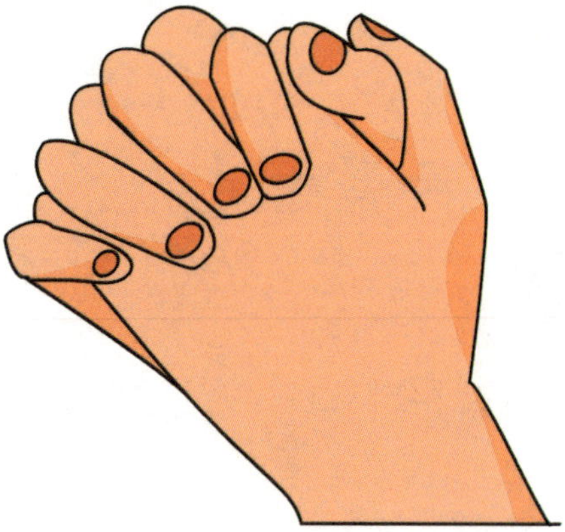

无论是左手拇指在上，还是右手拇指在上，都是一个人的习惯问题。

练一练

请模仿下面的手势。

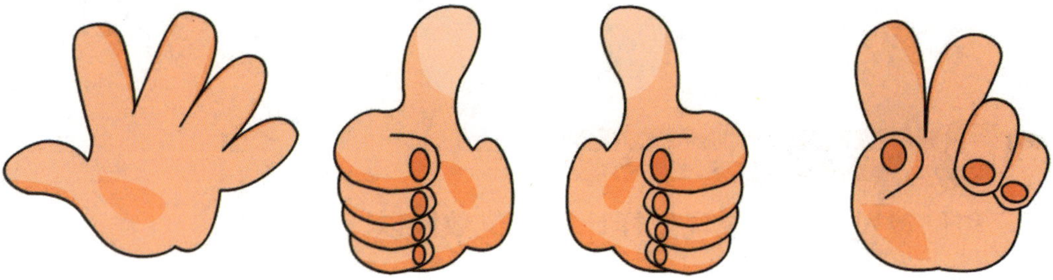

你发现了吗？当你不断重复一种行为，这种行为就慢慢变成习惯了！

同伴一起来

和小伙伴一起说说怎样形成良好的行为习惯。

爸爸妈妈一起来

和爸爸妈妈一起说一说好习惯的重要性。

23 阅读训练

读一读

认真阅读短文，说说短文讲了什么内容，然后完成练习。

____

我的故乡在广西，我爱故乡的漓江。

春天，原野上的春色，把漓江打扮得更加美丽。绵绵细雨，增加了漓江的水量，催开了两岸鲜艳的野花。随着气候转暖，来漓江旅游的人越来越多。漓江像一条友谊的带子把祖国和世界人民连在了一起。

夏天，漓江的水更清了。人们有的在江中游泳，有的在江中划船，有的在江中玩水球，漓江洗去了人们的疲劳，使人感到轻松愉快。

秋天，桂花开了，漓江两岸飘着醉人的桂花香。我们放学后，荡着小舟在漓江上游玩。那两岸的青峰分明地站在我们面前，同学们兴奋地抢着划桨。

冬天，漓江因为旱季到来水变浅了，但水是那么清，山是那么绿。江畔的柑橘树已挂满了累累果实，人们开始忙碌地收获。

漓江一年四季都很好。我喝漓江的水长大，一定要把漓江建设得更加美好。

1. 给短文加个恰当的题目。

2. 用“﹏﹏”画出文中的比喻句。

3. 文章中的第 2 自然段到第 5 自然段是按(   )顺序写的。

4. 哪个自然段最能表达作者的思想感情？把它抄写在下面。

____

____

____

同伴一起来

和小伙伴一起读一读短文，体会漓江的美。

爸爸妈妈一起来

和爸爸妈妈一起读一读短文，讲一讲漓江的美都表现在哪些地方。

24 责任

想一想

认真观察以下图片，想一想作为班级的一员，他(她)们做对了吗？

学校组织的拔河比赛中，我为班级“加油”。

我们班赢了，我很高兴。

我们班输了，我很难过。

说一说

你们班获得了哪些荣誉？为了班级荣誉，你是怎么做的？

夸一夸

夸夸你们班为班级争光的同学。

读一读，记一记

我们要乐于为班级做事情，在竞赛中希望班集体能得第一，为班级受到表扬而高兴，为班级遭到失败而焦急，不做有损班级荣誉的事。

同伴一起来

和小伙伴一起互相说说对方为班级做了什么事。

爸爸妈妈一起来

和爸爸妈妈说一说为了班级荣誉可以怎么做。

25 阅读训练

读一读

认真阅读短文，说说短文讲了什么内容，然后完成练习。

墙壁"冒汗"了

今天早上，我刚刚起床，猛然发现我家的墙壁上湿漉漉的。走近一看，原来墙壁上沾满了一粒粒小水珠呢！这些小水珠是从哪儿来的呢？难道墙壁也会冒汗吗？我很奇怪，就跑去问妈妈。妈妈告诉我说："这叫墙壁返潮，因为天气闷热，空气潮湿。天快要下雨了。"

墙壁潮湿，天真的会下雨吗？我连忙透过窗户看看天，天空灰灰的，太阳失去了往日的威力，阳光也不那么耀眼了。可是，天空中没有一朵乌云，天怎么会下雨呢？

这样的天气持续了两天，第三天果然下雨了。我终于明白了：墙壁"冒汗"，天要下雨。哈哈，墙壁也成了气象家了！

1. 在文中找出意思相近的词。

刺眼（　　　）　　　　　好奇（　　　）

2. 在文中找出意思相反的词。

干燥（　　　）　　　　　凉爽（　　　）

3. 照样子写词语。

湿漉漉 ________ ____________

4. 填空。

看到墙壁“冒汗”就知道会________________________，我家的墙壁成了______________________________。

5. 我们还看到什么现象，也知道就要下雨了？

____

____

____

同伴一起来

和小伙伴一起讲一讲墙壁为什么会“冒汗”。

爸爸妈妈一起来

和爸爸妈妈一起讲一讲天气变化时我们身边有可能出现的各种现象，试着说说为什么。

26 收拾自己的房间

看一看，想一想

你更喜欢下面哪个房间？

小明的房间

小刚的房间

做一做

怎样收拾自己的房间呢？

同伴一起来

和小伙伴一起相互参观对方的房间，看看谁的房间最干净整洁。

爸爸妈妈一起来

和爸爸妈妈一起收拾自己的房间和爸爸妈妈的房间。

27 习作练习

同学们，你们一天天长大，经历的事也越来越多了。请想一想，哪件事给你的印象最深或者让你感到最快乐，请用日记的形式把这件事的经过具体地写下来。

28 阅读训练

读一读

认真阅读短文，说说短文讲了什么内容，然后完成练习。

杀鸡取蛋

有位老婆婆，养了一只母鸡。母鸡每天都下一个黄灿灿的金蛋。老婆婆每天能拣到这么大一个金蛋，什么事儿也不用干，日子还过得特别好。她闲着没事干，就天天守着她的宝贝鸡，只盼望它早点下蛋。

有一天，母鸡照例下了一个金蛋。老婆婆把金蛋托在手上，心里想：这宝贝鸡一天只下一个金蛋，真叫人等得着急。不如杀了它，把它肚子里的蛋统统地取出来。

于是，老婆婆拿定主意，真把这只宝贝鸡杀了。没想到，打开肚子一看，一个金蛋也没有。原来长成的金蛋已经下完了，新的金蛋还没有长成。母鸡死了，从此以后，再也没有金蛋了。

1. 从文中找出近义词。

焦急（　　　　）　　　　**希望（　　　　）**

拿（　　　　）　　　　**剖开（　　　　）**

2. 根据短文内容填空。

老婆婆天天守着她的宝贝鸡，盼望______________。由于母鸡一天只下一个蛋，她等得________，于是采取了____________________的方法，结果____。

同伴一起来

1. 和小伙伴一起说一说，老婆婆为什么要杀鸡取蛋？

2. 老婆婆杀鸡的结果是什么？为什么？

爸爸妈妈一起来

和爸爸妈妈一起说说“杀鸡取蛋”的寓意。

29 自我评价

想一想，写一写

1. 我擅长做的事情有哪些？

2. 我不擅长做的事情有哪些？

3. 我的优点有哪些？(用五个褒义词形容自己)

4. 我的缺点有哪些？

5. 我是一个令人喜欢的人吗？

同伴一起来

和小伙伴一起互相说一说自己的优缺点。

爸爸妈妈一起来

和爸爸妈妈一起说说自己擅长做的事和不擅长做的事。

部分参考答案及教学材料

2 学习综合训练

听一听

秋天，是什么颜色？

微风溜进窗户，
掠过我的双颊，
我的思绪随秋风飞扬。
稻谷悄悄地成熟，
金灿灿的谷穗犹如一名羞涩的少女低下了头，
哦！秋天是金黄色。
苹果树上挂满了沉甸甸的果实，
鲜红鲜红的苹果压得枝头弯下了腰，
哦！秋天是鲜红色的。
棉花欢快地生长，
白色的花朵笑得裂开了嘴，
哦！秋天是白色的。
公园里，长满了松柏，
它们四季常绿，
哦！秋天是绿色的。
我来到花坛边，
花坛里开着各色的花，
哦！原来秋天与春天是相同的，
万紫千红，多姿多彩。

1. 诗中共有12个“的”字。
2. 诗中说秋天是金黄色、鲜红色、白色、绿色四种颜色。
3. 诗中写了稻谷、苹果、棉花、松柏、花等植物。

找一找

1. 有26个龙。
2. 有31个已。
3. 有29个巨。

记一记

听老师读词语，用一分钟把这些词语记住；然后听老师再读一遍，说说哪里不一样。

第一组：(第一遍)稻谷 丰收 壮丽 华灯 波浪
　　　　(第二遍)稻谷 丰收 壮美 华灯 波浪
第二组：(第一遍)劳作 已经 知识 尤其 学生
　　　　(第二遍)劳作 已经 知识 其余 学生

找不同

正是<u>橙</u>黄<u>橘</u>绿时。菊<u>残</u>犹有傲霜枝。植物要<u>旅</u>行靠的什么办法？蒲公英妈<u>妈</u>准备了降落伞，把它送给自<u>己</u>的娃娃。<u>植</u>物妈妈的办法很多很多，不信你就仔细观<u>察</u>。<u>勤</u>劳的人们画出秋天的图画。

选一选

听老师读词语，选出对应的字打上“√”。

①已经 小径 径直 经过 径自 经常 经典 口径 半径

①	1	2	3	4	5	6	7	8	9
经	√			√		√	√		
径		√	√		√			√	√

②形状 雄壮 壮大 状态 壮丽 强壮 状元 壮年 状纸

②	1	2	3	4	5	6	7	8	9
壮		√	√		√	√		√	
状	√			√			√		√

3 形近字比较

读下面的句子，用“___”标出用错的字，然后改正过来。

篮（蓝天）上漂（飘）着一朵朵白云。太阳照着大地。花圆（园）里，鲜花尽情的（地）开放，小蜜峰（蜂）在忙着采密（蜜）。农民伯伯在田里辛勤地劳动者（着）。

6 学习能力综合训练

找一找

猫头鹰

猫头鹰的面部像猫，身子像老鹰，所以人们叫它“猫头鹰”。

猫头鹰的眼睛同别的鸟儿不同，是长在正前方的。白天，它常常站在树枝上闭目养神，可是，到了夜晚，它就像一名哨兵，睁着两只闪闪发光的大眼睛，注视着田野。猫头鹰的耳朵也很特别，耳孔很大，周围排列着很长的羽毛，好像一对竖起的猫耳朵。它的听觉很灵，哪怕一点儿轻微的声音，它都能听见。

1. 听到了5个“它”，5个“鹰”。

2. 猫头鹰的眼睛和别的鸟儿不同，它是长在正前方的，到了夜晚，它就像一名哨兵，睁着两只闪闪发光的大眼睛，注视着田野。

3. 猫头鹰的耳朵和猫的耳朵长得像。

选一选

听老师读词语，选出对应的字打上“√”。

①商店 店面 踮脚 店家 店员 踮着 住店 布店 踮起

①	1	2	3	4	5	6	7	8	9
店	√	√		√	√		√	√	
踮			√			√			√

②你家 你们 您好 你的 您早

②	1	2	3	4	5
你	√	√		√	
您			√		√

看一看

1. 二胡 京戏 钢琴 委员 教室
2. 亲切 哈欠 普及 闹钟 小床

7 词语练习

练一练

一本正(经)	堆(积)如(山)	千千(万)(万)	将信将(疑)
良师(益)友	有(得)有(失)	一(心)一(意)	东(躲)西(藏)
(天)长(地)久	(深)入(浅)出	辞(旧)迎(新)	(早)出(晚)归
将(计)就(计)	时时(刻)(刻)	(东)躲(西)藏	(大)惊(小)怪
(惊)(弓)之鸟	守(株)待(兔)	(老)(马)识途	画(龙)点(睛)
胸有(成)(竹)	狐(假)(虎)威	揠苗(助)(长)	(水)滴(石)穿
(泣)不成声	气急(败)坏	赞不(绝)口	(笨)鸟先飞
精卫(填)海	老马识(途)	(亡)羊补牢	兴致(勃)(勃)
不由自(主)	迫不及(待)	(得)心(应)手	大(同)小(异)

写一写

著名—(有名)	喜爱—(热爱)	剧烈—(强烈)	急忙—(匆忙)
茁壮—(健康)	赞叹—(称赞)	亲切—(和蔼)	言语—(语言)
观赏—(欣赏)	表扬—(赞扬)	气愤—(愤怒)	惊讶—(惊叹)
浓密—(茂密)	特征—(特点)	喜悦—(开心)	精细—(精密)
英武—(威武)	发现—(找到)	守护—(保护)	容忍—(忍耐)
哀伤—(悲伤)	顿时—(突然)	感激—(感谢)	

9 自画像

活动程序：

1. 引入

教师将不同的树叶发给每一位学生，让学生观察自己的树叶，记住特征。2分钟后将树叶回收混合，然后让学生从中找出自己曾观察过的那片树叶。当所有学生按要求完成任务后，教师总结引入："没有两片树叶是一模一样的，也没有两个人是一模一样的。我们每个人都有自己的独特之处。"

2.活动实施

(1)学生照镜子，找找自己与同学在相貌上的不同之处，在图画纸上画出自己的自画像。

(2)学生用印泥和唇彩为“自画像”印上手印，拓上唇印，再在“自画像”的背面签上自己的名字。

3.教师收回自画像，张贴在教室的四周，然后让学生去找自己的自画像。

教师引导学生观察自己与他人自画像的不同。

11 学习能力综合训练

说一说

什么最美？

太阳落山了，参赛者都集中在大象伯伯这里，回答“什么最美”这道题。小蜜蜂晃着身上各种颜色的花瓣，得意地说：“世上最美的是颜色。”小燕子模仿了各种鸟儿的歌声，然后骄傲地说：“世上最美的是声音。”小兔低下头，羞愧地说：“我只顾去救小松鼠，没顾得上去找最美丽的事物。”

大象伯伯听了，一把搂住小兔，高兴地说：“孩子，只有你找到了最美的事物。”是啊，颜色的美会消退，声音的美会消逝(shì)，而只有拥有一颗善良友爱的心，才能使世界变得很美很美。

1.故事中有9个美。

2.大象伯伯说小兔找到了最美的事物，是因为小兔拥有一颗善良友爱的心。

3.故事里有大象、小蜜蜂、小燕子、小兔、小松鼠。

辨一辨

1.有14个“候”。

2.有19个“伸”。

3.有17个“诚”。

4.有16个“凑”。

找一找

同学们，听2组句子，找一找哪里不一样。

第一组：这次考试我不可能考了第一名。

这次考试我真的考了第一名。

“不可能”和“真的”不一样。

第二组：明天一大早，叔叔阿姨就要坐火车去贵州。

明天一大早，叔叔阿姨就要坐飞机去欧洲。

“火车”和“飞机”不一样，“贵州”和“欧洲”不一样。

记一记

听老师读词语，用一分钟把词语记住。然后听老师再读一遍，说说哪里不一样。

第一组：（第一遍）民族　旗帜　拥抱　互相　市民

（第二遍）民族　红旗　拥抱　相互　市民

第二组：（第一遍）神州　高山　川流不息　危险　买卖

（第二遍）神州　平原　川流不息　危害　买卖

15 学习能力综合训练

找一找

小时钟

一只新组装好的小钟放在了两只旧钟当中。两只旧钟“嘀嗒”“嘀嗒”一分一秒地走着。

其中一只旧钟对小钟说：“来吧，你也该工作了。可是我有点担心，你走完三千二百万次以后，恐怕就吃不消了。”

“天哪！三千二百万次。”小钟吃惊不已。“要我做这么大的事？办不到，办不到。”另一只旧钟说：“别听他胡说八道。不用害怕，你只要每秒“嘀嗒”摆一下就行了。

“天下哪有这样简单的事情。”小钟将信将疑。“如果这样，我就试试吧。”小钟很轻松地每秒钟“嘀嗒”摆一下，不知不觉中，一年过去了，它摆了三千二百万次。

1. 听到了6个“只”字，10个“钟”字。

2. 一只旧钟认为走<u>三千二百万</u>次以后会吃不消。

听一听

1. 1，2，3，4，5，6，8，9（7）

2. 1，2，4，5，6，7，9（3，8）

3. 9，8，7，5，3，2，1（6，4）

4. 10，11，12，13，15，17，18，19（14，16）

5. 19，18，17，16，14，13，11，10（15，12）

6. 19，18，17，14，13，12，11，10（16，15）

找一找

同学们，对照上下文，写出漏掉的字。

我们要学会取长补短，相得益<u>彰</u>。

如果我们管中窥<u>豹</u>，往往会把<u>事</u>情办糟。

一叶<u>障</u>目，不见泰山，这是多<u>么</u>可悲的现象。

我们做<u>事</u>要遵<u>循</u>事物<u>的发</u>展规律，顺其自然，水到<u>渠</u>成。

细<u>长</u>的葫芦<u>藤</u>上长满了绿叶。

<u>小</u>柳树低下头，说：“说我不会结枣子<u>呗</u>……”

看一看

同学们，看老师出示的5个词，用一分钟把它们都记住。然后在下面的短文里找一找，这5个词藏在哪里？用彩色笔圈出来。

第一组：告诉 狐狸 瓜熟蒂落 拔苗助长 葡萄

第二组：管中窥豹 一叶障目 徒劳无功 奇怪 大树

16 句子训练

把下列排列错乱的句子整理成一段通顺的话，在（ ）里填上适当的序号。

(1)

(2)到了雨季，这种树就生出一些枝条和心形的叶片。

(5)所以，人们叫它瓶子树。

(1)在南美洲的高原上，生长着一种高大、奇特的树。

(3)雨季一过，绿叶纷纷败落，红花纷纷开放。

(4)这时，一棵棵树就像插满红花的大花瓶。

(2)

(6)这就是世界闻名的“诺贝尔奖”。

(2)他一共有150项发明。

(4)他在临终前写了一份遗嘱，要求将他的遗产分为两部分。

(3)这些发明使他得到很多钱。

(5)其中一部分钱来奖励各个领域杰出的人。

(1)诺贝尔的一生都是在实验室中度过的，他战胜了一次次的失败，获得了一次次的成功。

(3)

(2)当时，弟弟也在旁边，一动也不动，神情是那么专注。

(5)原来他也在一旁暗暗地认字啊。

(3)妈妈教了几遍后，要我从卡片中找出“伯”字来。

(1)记得我小时候，妈妈做了很多卡片，教我认“叔叔”“伯伯”“阿姨”这些字。

(4)我没找到，弟弟已经伸出胖乎乎的小手，把那张卡片挑了出来。

用学过的修改符号在原句上修改病句。

(1)同学们非常珍惜时间。

(2)花坛里盛开着五颜六色的花。

(3)同学们在晚会上表演了精彩的节目。

(4)爷爷的身体非常不好。

(5)我忘不了那件有意思的事。

(6)下课了,同学们陆续走出教室。

(7)红红很关心兵兵。

(8)大家都积极参加体育活动。

(9)在学习上,我们要善于发现问题,更要善于解决问题。

19 “水泥”房子

活动程序:

①活动实施

教师让学生观看在安静封闭房间内看书的儿童的照片。然后让学生说一说并做一做:“所在的教室怎么布置会让你感到宁静,没有干扰。”(如:关几盏灯、放上舒缓的背景音乐、把杂乱的角落收拾整洁)

第一轮练习,学生在布置好的教室内闭眼听音乐,感受宁静、无人干扰的感觉。在听音乐的过程中,教师带领学生冥想,创建出自己的“水泥”房子。

第二轮练习、巩固。

第三轮练习,让学生自己伴随着音乐进行冥想,完成抄写范文的任务。在这个过程中,教师发出声音,做出大动作进行干扰。

②课后巩固

学生回家后将书房布置成没有干扰的环境。

教师用指导语:

你知道吗?“水泥”房子是指在你的内心深处,有一座安静的小房子。如果可能的话,它最好是存在于想象中的,并非现实世界中真实存在的某个小房子。这个小房子只有你一个人可以进入……

它应该是受到良好的保护,并且有一个很好的边界。它应该被设置为一个你绝对有能力阻止未受邀请的外来物闯入的小房子。真实的人,即使是好朋友,也不要被邀请到这个小房子中来。只要好的、保护性的、充满爱意的东西存在……

在做这样的练习时,你可能要花上一些时间才能找到自己的“水泥”

房子。这没关系，我们慢慢地让“水泥”房子在我们的心中明确起来……

1.现在，请你在内心世界里找一找，有没有一个安全的小房子，在这里，你能够感受到绝对的安全和舒适。它应该在你的想象世界里——也许它就在你的附近，也可能它离你很远，无论它在这个世界或这个宇宙的什么地方……

2.这个小房子没有门，但是它属于你，你可以走进去，你也可以随时离开。

3.如果你想要的话，你也可以带上一些你需要的东西陪伴你，比如友善的，可爱的，可以为你提供帮助的……

4.别着急，慢慢考虑，找一找这么一个神奇、安全、惬意的小房子……

5.或许你看见某个画面，或许你感觉到了什么，或许你只是在想着这么一个小房子……

6.让它出现，无论出现的是什么，就是它啦……

7.你可以肯定，肯定有一个这样的小房子，你只需要花一点儿时间，有一点儿耐心……

8.当你达到了自己内心的“水泥”房子时，这是不是一个确实可以让自己完全安静的“小房子”？请你用自己的心检查一下……

9.有一点非常重要，那就是你应该感到完全放松、绝对安全和非常舒服。请把你的“小房子”规划成能让你宁静的样子……

10.在“小房子”里，你只能听见你自己的心跳声，注意听“咚、咚、咚、咚……”。

11.现在外在的一切都被排除在“小房子”以外了，任何声音都听不见了……

12.如果你在你的“小房子”里感觉到绝对的安全，就请你想一句咒语或做一个动作，用这句咒语和动作，让你可以随时回到这个“小房子”来。以后，只要你心里默念这句咒语或做一做这个动作，它就能帮你在你的想象中迅速地回到你的这个“小房子”来，并且感觉到舒适。比如你可以握拳，或者把手摊开，以后当你一做这个动作时，你就能快速到达你的“水泥房子”……

22 手指交叉

活动程序：

第一，让学生将手掌张开，十指交叉合起来，连做三次。看看自己是左手的拇指在上还是右手的拇指在上。

教师：“无论是左手拇指在上还是右手拇指在上，都是一个人的习惯问题。”

第二，让学生改变惯常的方式交叉双手。这时，大多数学生会感到别扭。

第三，让学生按照新方式交叉双手21次。中途教师关注学生感受，这时学生逐渐会感到有所习惯。

通过这个活动让学生感受：当你不断重复新的行为，新的行为就越来越习惯了。鼓励学生建立自信心。

特殊需求儿童

融合教育手册（上册）

主　　编：张文京

副 主 编：李　丹

本册统筹：李　丹

本册编者：李　丹　李乐惠　杜艾静　张利菊

张纯英　胡加华　赵　婕　廖诗芳

绘　　图：张　昆　骆　阳　冯　婷

四年级

西南师范大学出版社

国家一级出版社　全国百佳图书出版单位

图书在版编目(CIP)数据

特殊需求儿童融合教育手册.上册 / 张文京主编
.— 重庆:西南师范大学出版社, 2019.10
ISBN 978-7-5621-4822-7

Ⅰ.①特… Ⅱ.①张… Ⅲ.①儿童教育－特殊教育－
手册 Ⅳ.①G76-62

中国版本图书馆CIP数据核字(2019)第220801号

特殊需求儿童融合教育手册·上册

TESHU XUQIU ERTONG RONGHE JIAOYU SHOUCE·SHANGCE

主　　编:张文京
副 主 编:李　丹

责任编辑:杨光明
责任校对:胡君梅
封面设计:起源
排　　版:重庆大雅数码印刷有限公司
出版发行:西南师范大学出版社
地址:重庆市北碚区天生路2号
邮编:400715
网址:www.xscbs.com
印　　刷:重庆荟文印务有限公司
幅面尺寸:185mm×260mm
印　　张:28.5
字　　数:380千字
版　　次:2019年12月　第1版
印　　次:2019年12月　第1次
书　　号:ISBN 978-7-5621-4822-7

定价(共六册):90.00元

衷心感谢被收入本书作品的作者对本书稿编写的热心帮助和支持,由于一些作者的姓名和地址不详,虽经编写团队多方努力,个别作者仍暂时无法取得联系,恳请相关作者与西南师范大学出版社联系(电话:023-68254356),以便办理署名、付酬等事宜。

本书部分文字作品稿酬已委托中国文字著作权协会转付,敬请相关著作权人联系。
电话:010-65978917,传真:010-65978926,E-mail: wenzhuxie@126.com

给老师和家长的话

各位老师、家长：

你们好！这是提供给融合教育中有特殊教育需求的孩子的支持性学习手册。

本手册共12册，每学期一册，每册的学习内容与每学期的学科学习基本同步。每册有28课或29课，平均每周完成2课左右。全部手册包括三大部分内容：学校适应、学习活动、自我成长。其中，“学校适应”包含：适应学校环境、遵守学校常规、人际沟通、参与活动、品行；“学习活动”包含：学习能力、学习态度、学习策略；“自我成长”包含：自我引导、自我规划、自我评价、自我调控、自我增强。

本手册由教师、家长支持各位孩子在学校、家庭中实施。手册具有建议性、支持性，在使用过程中可以依据孩子的具体情况灵活选用，不必拘泥于某册某课。具体使用建议如下：

一、教师与家长沟通，家校合作

教师与家长沟通、家庭与学校合作是帮助特殊需求孩子获得有效学习的基础。

二、教师、家长以身作则

教师、家长应成为孩子的榜样。要求孩子做的，教师、家长要先做到。例如：不随地吐痰、走人行横道线等。教师、家长要时刻注意自己的言谈、举止、处事和待人之道。想培养有教养的孩子，需要有教养的教师和家长。

三、保持教师、家长教育的一致性，在“温柔的坚持”中实施教育

教师、家长应保持对学生教育态度和要求的一致性，共同秉承“温柔的坚持”的教育原则，面对规则要求不破例、不轻言放弃。

四、相互尊重、平等的教育教学

在教育教学中，教师、家长、孩子三者是平等与相互尊重的关系。教师与家长是支持者、信息提供者；孩子是问题提出者、主动学习者。教学双方共同参与，共同进步，共同分享。

五、在具体情境中关注行为习惯的养成教育

情境教学是学校、家庭、社区教育的首选。用餐时学餐饮礼仪，解题时教思维步骤等，以情境施教，在具体情境中关注行为习惯的养成教育。关注良好行为习惯的养成是教育教学的重点。

六、小步子、多重复、多感官，循循善诱

对特殊需求孩子的教育，常将整体、大问题分为小步进行。用总分总的思路，多次重复，调动眼、耳、口、鼻等多感官参与。教育教学时要心平气和，不急不躁，尝试多种方法，创造多种策略。

七、多鼓励表扬，给予成功的教育

在学校、家庭的教育中，“要这样做”应多于“不准这样做”，要表扬多于批评。不要让孩子有过多的挫败，而应创设成功的可能，多关心、鼓励和肯定。战胜困难后获得的成功最具推动力。

八、把握教育的度，让孩子自我选择，自己做决定

了解孩子的起点、水平、兴趣、需求、愿望，让孩子自我选择，自己做决定；给孩子承担责任的机会。教育要适量、适时、适度，不可不及，也不要太过。

九、教育最终让孩子成为他自己

家庭、学校教育的最终目的是顺应孩子的自然天性，让他成为他自己，成为一个独立、自主的人！

编者

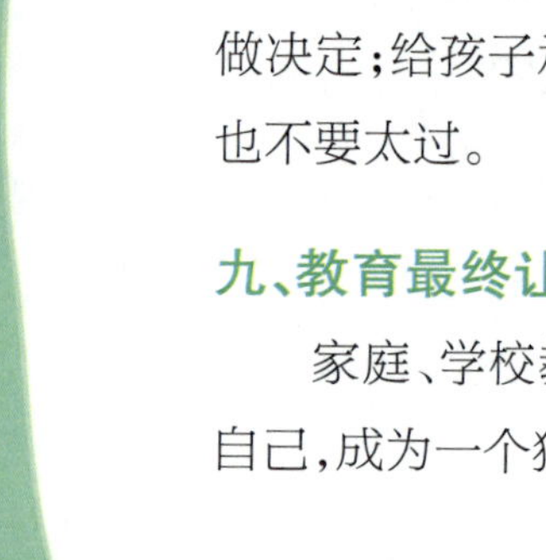

给同学们的话

亲爱的同学们：

时间如梭，现在你们已经是四年级的小学生了，回首三年前你们初踏入校园时懵懂的样子，如今你们长胖又长高了，是学校的小哥哥、小姐姐了，碰见有需要帮助的低年级的同学，相信你们一定会出手帮助他们的。

本册书除了辅导与学校同步的语文和数学外，还包含有关安全、与人合作、正确对待成功等主题的单元活动，希望通过这些学习活动，你们能更好地融入四年级的学习和生活。

也许现在你们感到学业任务已经变得很繁重了，你们可以向老师、小伙伴和家长寻求帮助，他们会耐心地讲解。我们相信，通过大家的共同努力，你们一定会有美好的未来。

你们的大朋友

目 录

（四年级）

SCHOOL

开学啦

1 我是学校一员

看一看，学一学

同学们认真听老师讲课。

同学们一起清扫校园。

小小文明岗。

同学们拾捡校园里的垃圾。

我是学校的一员，我热爱我的学校。我遵守学校的规章制度，做一名文明的小学生。

说一说

讲讲自己的学校，你喜欢它吗？你为自己是学校的一员感到高兴吗？

比一比

我是学校的一员，我遵守学校秩序。我爱护桌、椅、门、窗等；我爱护一草一木，不乱践踏草坪，不乱攀折花木；我爱护墙壁，不将脚印、球印留在墙上。

同伴一起来

1. 说说你是怎样爱护学校的。

2. 班级建立爱护学校评比栏，将同学们爱护学校的行为记在荣誉栏里。

3. 找找学校里不爱惜财物的现象，提出改进意见。

爸爸妈妈一起来

1. 你在哪所学校读书？给爸爸妈妈说说你在学校里的学习和生活情况。

2. 给爸爸妈妈说说你为学校做了哪些争光的事情。

2 孝敬老人

看一看，想一想

每年农历九月初九是中华民族的传统节日——重阳节。重阳节又叫老人节，是尊老、敬老、爱老、助老的节日。

想一想

我们应该学习下面两幅图中的哪些做法？

同伴一起来

1. 和小伙伴讨论，在生活中如何孝敬和关爱老人。

2. 和小伙伴一起到敬老院看望老人。

爸爸妈妈一起来

1. 爸爸妈妈要起带头作用，要孝顺孩子的爷爷奶奶。

2. 爸爸妈妈带孩子去敬老院做义工。

3 字词句练习

想一想，做一做

1. 读拼音，写词语。

ào sàng	páng xiè	wā jué	chéng chē
(　　　)	(　　　)	(　　　)	(　　　)
gā gā jiào	hén jì	tóu rù	yì lǚ lǚ
(　　　)	(　　　)	(　　　)	(　　　)

2. 辨别组词。

跌(　　　)	歼(　　　)	兀(　　　)	货(　　　)
跃(　　　)	残(　　　)	元(　　　)	贷(　　　)
揭(　　　)	访(　　　)	违(　　　)	区(　　　)
褐(　　　)	仿(　　　)	伟(　　　)	匹(　　　)

同伴一起来

1. 在括号里填上合适的词。

(　　　)的阳光　　(　　　)的海滩　　(　　　)的图案

(　　　)的雕塑　　(　　　)的构想　　(　　　)的曲线

袅袅地(　　　)　　静静地(　　　)　　欢快地(　　　)

开心地(　　　)　　紧紧地(　　　)　　轻轻地(　　　)

2. 按要求填空。

(1)照样子写词语。

绿莹莹 ________ ________ ________ ________

高高兴兴 ________ ________ ________ ________

(2)先补充歇后语,再写一条课外收集的歇后语。

①哑巴吃秤砣——(　　　　)

②胸口摆天平——(　　　　)

③九月的甘蔗——(　　　　)

④________________——(　　　)

(3)选词填空。

珍藏　　　收藏

①孩子们捡起落叶(　　　　)起来。

②涨潮了,大海(　　　　)了我们的创作。

懊丧　　　悔恨

①今天,我做了一件错事,十分(　　　　)。

②我努力地去做,可仍没做好,心中非常(　　　　)。

爸爸妈妈一起来

1.用下面的词语造句。

赤裸裸 ——

忽略 ——

屈曲——

2.把下面的句子排列成一段通顺的话。

(　)一天,鲁班看见几个孩子在烈日下顶着荷叶玩,很受启发。

(　)鲁班一心想为人们做个既能挡雨,又能遮太阳的东西。

(　)很久以前,世界上没有伞。

(　)于是,他照着荷叶的样子,用竹条扎成架子,蒙上羊皮,做了起来。

(　)后来,鲁班终于想出好办法,制造出现在这样的伞。

3.听写本课出现的生字词。(爸爸妈妈可以根据孩子的实际情况选择生字词让孩子听写)

4 四则混合运算

本次教学活动是在同学们学习了四则混合运算的基础上进行的练习，旨在通过此类活动让同学们进一步理解四则混合运算的顺序，能熟练正确地进行四则混合运算。

学一学

文艺书有23册，连还画的本数是文艺书的2倍多19册，连环画有多少册？

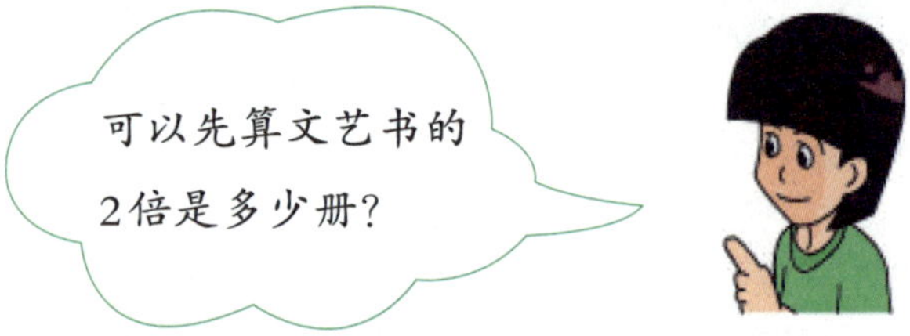

$23\times2+19$

$=46+19$

$=65$（册）

答：连环画有65册。

试一试

说一说下面各题先算什么，再算什么，并计算出来。

$300+13\times4$　　　　$67\times7-209$

练一练

一批水果要运走，运了6次，每次运75筐，还剩93筐没有运走。这批水果原来有多少筐？

同伴一起来

125+15÷5　　　　24×3+8

爸爸妈妈一起来

迎宾超市购进300元的牛奶，已经卖出5箱，每箱32元，还剩多少元的牛奶没有卖？

5 合作

看一看，想一想

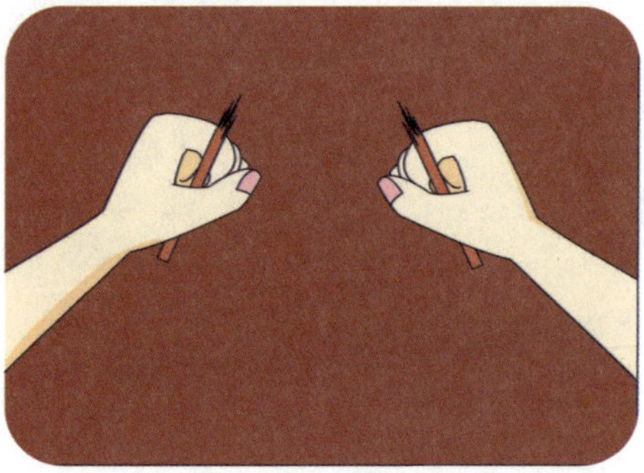

一根筷子很容易被折断。

一把筷子不容易被折断。

一个人抬不动桌子。

两个人合作容易抬起桌子。

看看上面的图，并对比左边和右边的图，这些图告诉了我们什么？想一想，在我们的学习和生活中，为什么需要合作呢？

你还能想到生活和学习中其他合作的例子吗？

同伴一起来

1. 和同伴一起讨论生活和学习中其他合作的例子。

2. 和小伙伴一起合作完成一项工作，如共同完成手工航模。

爸爸妈妈一起来

1. 请爸爸妈妈讲讲有关合作的故事。

2. 和爸爸妈妈一起做饭、制作海报等。

6 健康的身体

看一看，想一想

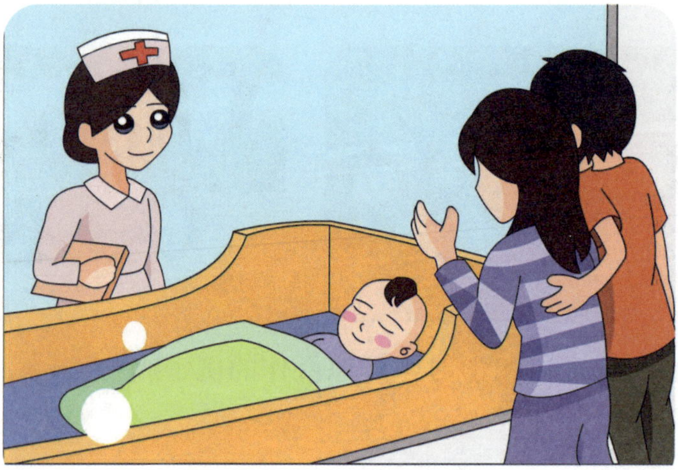

容易生病的孩提时代

打预防针

儿科就诊室

我们出生的时候，父母是多么高兴地迎接我们的到来啊！出生后，我们都要打预防针以预防疾病。当我们生病的时候，我们要去医院看病、吃药、打针。我们每个人都要有健康的身体。

说一说

为了健康的身体，我们除了到医院找医生和护士以外，还可以怎样做？

同伴一起来

1. 跟小伙伴讲一讲医院里的医生和护士都为我们做了些什么。

2. 和小伙伴讨论，平时放学后，你们可以怎样锻炼身体？

3. 和小伙伴一起，放学后参加体育锻炼。

爸爸妈妈一起来

1. 与爸爸妈妈一起积极锻炼身体，如跑步、打球、跳绳、游泳等，争取少生病，少使用社会的公共资源。

2. 和爸爸妈妈去看病时，要遵守医院的秩序，不随地吐痰，轻声说话，对医生和护士要有礼貌。

7 多位数的认识

同学们已经认识了多位数，本节课进一步熟悉数位顺序表，能根据个级的读写方法，正确读写多位数。

学一学

10个一是十，10个十是一百，10个一百是一千，10个一千是一万，10个一万是十万，10个十万是一百万，10个一百万是一千万，10个一千万是一亿。

数级	……	亿级				万级				个级			
数位	……	千亿位	百亿位	十亿位	亿位	千万位	百万位	十万位	万位	千位	百位	十位	个位
计数单位	……	千亿	百亿	十亿	亿	千万	百万	十万	万	千	百	十	一（个）

读一读

50900608　　8300000　　504500

50,900,608　读作：五千零九十万零六百零八

8,300,000　读作：八百三十万

504,500　读作：五十万四千五百

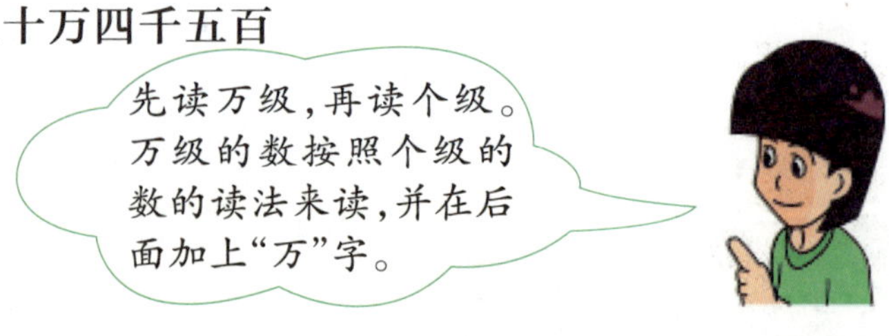

写一写

三百零六万零一　　十八亿零二万

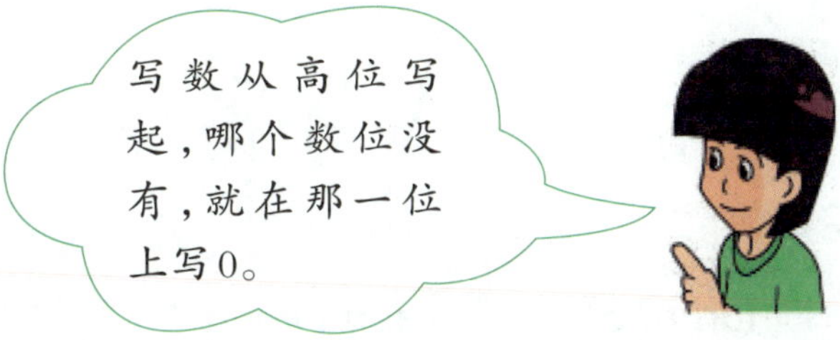

试一试

读一读：100608005　6000300201

写一写：三亿零九十万零七　五十万零二百

同伴一起来

1. 从个位起往左数，第(　　)位是万位，第(　　)位是百万位。

2. 和小伙伴相互出题，写出多位数，并认读多位数。

爸爸妈妈一起来

爸爸妈妈出示一个多位数，孩子根据要求写出或读出这个多位数。

8 字词句练习

想一想，做一做

1. 读拼音，写词语。

guǒ rén（　　）　fán nǎo（　　）　zhōng yāng（　　）

hóng yīng（　　）　mì shí（　　）　chì luǒ（　　）

2. 比一比，组词语。

烦（　　）　衔（　　）　祆（　　）
项（　　）　街（　　）　妖（　　）

粱（　　）　醋（　　）　投（　　）
梁（　　）　酿（　　）　没（　　）

荫（　　）　唤（　　）　裸（　　）
阴（　　）　央（　　）　棵（　　）

同伴一起来

1. 和小伙伴一起给多音字组词。

曲 qǔ（　　）　qū（　　）

藏 cáng（　　）　zàng（　　）

空 kōng（　　）　kòng（　　）

似 shì（　　）　sì（　　）

剥 bāo（　　）　bō（　　）

折 zhē（　　）　zhé（　　）

涨{zhǎng(　　　) zhàng(　　　)　　缝{féng(　　　) fèng(　　　)　　模{mó(　　　) mú(　　　)

喝{hē(　　　) hè(　　　)　　卡{kǎ(　　　) qiǎ(　　　)　　圈{quān(　　　) juàn(　　　)

2. 和小伙伴一起照样子写词语。

若(隐)若(现)　　大(起)大(落)

有(　　)有(　　)　　一(　　)一(　　)　　不(　　)不(　　)

3. 和小伙伴一起把词语补充完整。

衣冠(　　)　　相貌(　　)　　风度(　　)

神采(　　)　　威风(　　)　　文质(　　)

(　　)起舞　　(　　)向荣　　(　　)玉立

(　　)不绝　　(　　)不倦　　(　　)善诱

爸爸妈妈一起来

1. 和爸爸妈妈一起收藏广告语。

(1)让我们同花儿(　　　　),和小树(　　　　)。

(2)地球母亲迫切希望(　　　　　)。

(3)别让我们的眼泪(　　　　　)。

2. 和爸爸妈妈一起填写。

人之初,性本善。________________。

苟不教,性乃迁。________________。

养不教,父之过。________________。

子不学,非所宜。________________。

3. 请爸爸妈妈帮我们听写本课出现的生字词。

9 向别人请教问题

看一看

这些题他不会做，他该怎么办呢？

向老师请教问题。

向同学请教问题。

向父母请教问题。

我们在学习中遇到不会做的题目时，可以向老师、同学和家长请教，向他们寻求帮助。

想一想

平时遇到不懂的问题时，你会怎么办呢？

同伴一起来

和小伙伴组成学习互助小组，互相帮助解答不会的问题。

爸爸妈妈一起来

请爸爸妈妈给我们讲解我们不懂的问题。

10 数字编码

本次辅助教学意在帮助同学们理解数字编码知识，能正确地对事物做出正确的编码。

学一学

2017年入学的孩子，2019年读三年级，如果是男生，就用1表示；如果是女生，就用2表示。某同学是三年级(6)班的35号学生，他的学号编码是：176351。从0812292这个学号中，你了解到哪些信息？

试一试

按上述方法，给自己编一个学号。

练一练

健康小区有A、B、C三幢高楼，门牌号按“幢数+层数+户号”编成，如C幢7楼2号表示为：C-07-02。刘林小朋友住在A幢13楼6号，请编写刘林家的门牌号码。

同伴一起来

1. 和同学一起，为班上每位同学编学号。

2. 问问老师，班上同学的学号是怎么编排的。

3. 和小伙伴一起讨论每个同学家的门牌号是什么，是怎么编排的。

爸爸妈妈一起来

1. 和爸爸妈妈一起去了解街道门牌号是怎么编排的。

2. 和爸爸妈妈一起研究家庭中每个人的身份证号码中隐藏的秘密。

11 字词句练习

读一读，写一写

1. 读拼音，写词语。

模(hú)　高(shòu)　下(guì)　(bó)子

huǎng hū ( )　miàn mào ( )　chuǎi mó ( )

mò bó sāng ( )　jiǎn lòu ( )　zhuāng shì ( )

lào yìn ( )　yāo he ( )　fù lì táng huáng ( )

2. 写一写：多音字组词。

殷 { yān( ) yīn( ) }　笼 { lóng( ) lǒng( ) }　觉 { jué( ) jiào( ) }

扇 { shān( ) shàn( ) }　颤 { chàn( ) zhàn( ) }　逮 { dǎi( ) dài( ) }

倒 { dǎo( ) dào( ) }　旋 { xuán( ) xuàn( ) }　冠 { guān( ) guàn( ) }

3. 比一比：组词语。

{ 惚( ) 匆( ) }　{ 跪( ) 脆( ) }　{ 脖( ) 勃( ) }

糊(　　　) 截(　　　) 烙(　　　)
湖(　　　) 裁(　　　) 洛(　　　)

博(　　　) 锁(　　　) 惧(　　　)
搏(　　　) 琐(　　　) 俱(　　　)

燥(　　　) 绷(　　　) 庞(　　　)
噪(　　　) 棚(　　　) 宠(　　　)

4.写一写:把下列词语补充完整。

直(　　)了(　　)　一无(　　)(　　)　富丽(　　)(　　)

(　　)风(　　)雨　全神(　　)(　　)　若(　　)若(　　)

5.填一填:填表示动作的词语。

我轻手轻脚地(　　　)上树,(　　　)在一个枝丫后面,目不转睛地(　　　)着这只蝉。

同伴一起来

1.和小伙伴一起大声朗读上面的字、词、句。

2.和小伙伴一起,找出练习题中不熟悉的生字词,抄写在作业本上。

爸爸妈妈一起来

1.请爸爸妈妈帮孩子听写上面题目中不熟悉的生字词。

2.用上面不熟悉的生字组词,不熟悉的词语造句,并请爸爸妈妈检查。

12 加法运算律

本次辅助教学意在帮助同学们正确应用加法运算律，能正确地进行对应的简便运算。

学一学

1. 加法交换律：$a+b=b+a$

2. 加法结合律：$(a+b)+c=a+(b+c)$

  237+265+163

=(237+163)+265

=400+265

=665

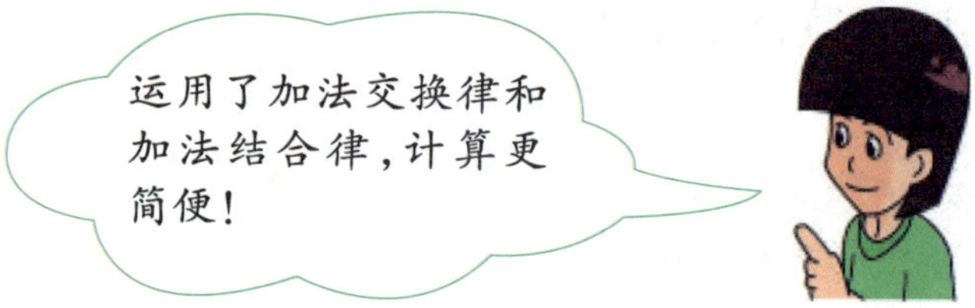

3. 减法的性质：$a-b-c=a-(b+c)$

从一个数里连续减去两个数，可以从这个数里减去后两个减数的和。

简便运算：

  672-172-328

=672-(172+328)

=672-500

=172

  834-206

=834-200-6

=634-6

=628

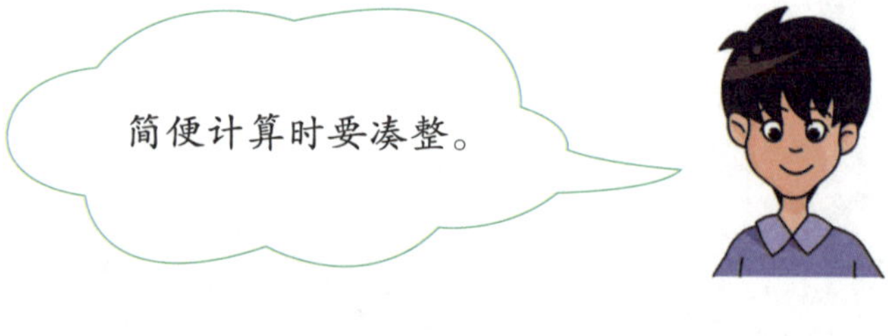

练一练

237+27=27+(　　)　　294−99=294−(　　)+(　　)

同伴一起来

659+203　　516−135−265

爸爸妈妈一起来

475−97　　389+257+11

13 字词句练习

做一做

1. 读拼音，写汉字。

bó	jī	zhàng	suǒ	zào
(　　)士	(　　)肤	故(　　)	铁(　　)	(　　)热
(　　)斗	(　　)饿	蚊(　　)	烦(　　)	(　　)音

2. 用“__”画出不是同一类的词。

(1)苹果 南瓜 葡萄 西瓜 香蕉

(2)麻雀 鹌鹑 蝙蝠 喜鹊 翠鸟

(3)《少年文艺》《少年科学》《我们爱科学》《少年报》《小学生作文》

(4)矮 懒 高 胖 瘦

(5)米饭 稻子 面条 包子 大饼

同伴一起来

1. 把下列词语补充完整。

目不(　　)(　　)　目不(　　)(　　)　目不(　　)(　　)

全神(　　)(　　)　全心(　　)(　　)　全力(　　)(　　)

自强(　　)(　　)　自我(　　)(　　)　自始(　　)(　　)

坚持(　　)(　　)　坚韧(　　)(　　)　坚定(　　)(　　)

2. 辨字组词。

韧（　　）	蛾（　　）	隔（　　）	橡（　　）
纫（　　）	俄（　　）	融（　　）	像（　　）
胶（　　）	眺（　　）	嬉（　　）	潋（　　）
佼（　　）	桃（　　）	嘻（　　）	敛（　　）
宜（　　）	娱（　　）	桨（　　）	礁（　　）
县（　　）	误（　　）	浆（　　）	瞧（　　）

爸爸妈妈一起来

1. 我的收藏夹。

(1)______________,水碧无尘埃。

(2)秋天万里净,______________。

(3)野旷沙岸净,______________。

(4)______________,万树尽秋声。

2. 按要求缩写句子。

例句:一个惊人的消息迅速传到了学校。

消息传到了学校。

(1)聪明的我运用电脑学会了许多知识。

______________________________。

(2)这本美丽的本子被调皮的我撕烂了。

______________________________。

(3)明亮的电灯在一间美丽的屋子里。

______________________________。

(4)这本厚厚的字典真是实用。

______________________________。

3. 听写本课出现的生字词(爸爸妈妈可以根据孩子的实际情况选择生字词)。

14 消防安全

看一看，学一学

在家中遇到火灾，我们应该怎么做？

拨打119。

在临街窗口求救，如挥舞颜色醒目的物品，夜间打手电筒等。

用湿毛巾捂住口鼻、用湿衣物包裹身体。

用水淋湿衣服、用温湿的棉被包住头部和上身。

家里发生火灾时，我们不能慌张。首先应该拨打报警电话“119”。在窗口，手拿醒目的物品求救。逃生时，用湿衣服、湿棉被包裹身体，并用湿毛巾捂住口鼻，以防吸入浓烟。

想一想

在火灾中，下列哪些做法是正确的？哪些做法是不正确的？

盲目乱跑，跳楼逃生。

在火灾中不使用电梯，通过防火通道走楼梯脱险。

身上衣物着火时，迅速脱掉衣物，或者就地滚动。

用绳索、床单滑落到地面。

同伴一起来

1. 和小伙伴讨论怎样注意用火安全，预防火灾。

2. 和小伙伴扮演火灾时，求救和逃生的情景。

爸爸妈妈一起来

1. 请爸爸妈妈画图讲讲自己家庭或单位的安全出口和火灾时的逃生路线。

2. 和爸爸妈妈一起模拟火灾时如何逃生。

15 绘画

涂一涂

依照左边的图片，给右边的图片涂色。

画一画

自由画

同伴一起来

画一画:在右边的空白处画出左边的图形,并涂上颜色。

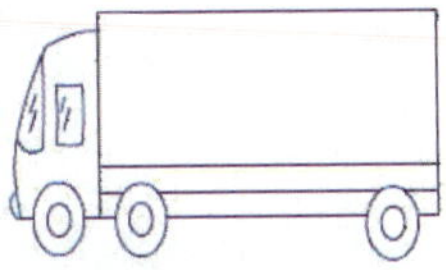

爸爸妈妈一起来

和爸爸妈妈一起画画“我的家”。

16 角

本次辅助教学意在进一步加强同学们对直线、线段、射线、角的度量的理解，能运用所学的知识正确地解决问题。

学一学

1. 用量角器画角的方法。

(1)中心对顶点(就是说量角器的中心与角的顶点对齐重合)。

(2)零线对一边(就是说量角器零刻度线与一边起始对齐重合)。

(3)它边看度数(就是说角的另一条边所对的度数就是角的度数)。

(4)内外要分辨(量角器上有两条0°刻度线，一条是内圈的，一条是外圈的；0°刻度线在内圈，度数就读内圈；0°刻度线在外圈，度数就读外圈)。

2. 线段有两个端点，直线没有端点，射线有一个端点。线段能度量出长度，直线、射线无限长。

过一点可以画无数条直线，过两点只能画一条直线。

3. 小于90°的角是锐角，等于90°的角是直角，大于90°而小于180°的角是钝角，等于180°的角是平角。

1平角=2直角　　　　1周角=2平角=4直角

角的大小与角的长短无关，与角的两边张开的大小有关。

试一试

用量角器画一个120°的角。

练一练

1.填空。

两个直角可以拼成一个(　　)角。

把钝角、周角、平角、直角、锐角，按照从小到大的顺序排列起来是(　　)、(　　)、(　　)、(　　)、(　　)。

2.用三角板画出下面的角。

30°，45°，60°，105°，120°，135°。

同伴一起来

1.和小伙伴一起画出150°，90°，135°的角。

2.和小伙伴一起把上面画的角剪下来。

3.和小伙伴一起在生活中寻找上面剪下来的角度，看谁找得最多。

爸爸妈妈一起来

和爸爸妈妈一起比着三角板画一个三角形并把它剪下来，再撕下三角形的两个角和第三个角拼在一起，看一看拼成了一个什么角。

17 字词句练习

做一做

1. 读一读，写一写。

yùn cáng ( ) róng qià ( ) rèn xìng ( ) píng zhàng ( )

hé xù ( ) màn gǔ ( ) liàn yàn ( ) yú lè ( )

2. 辨字组词。

炕( ) 坑( )　俘( ) 浮( )　撼( ) 憾( )　绵( ) 棉( )

穗( ) 惠( )　摩( ) 磨( )　帅( ) 师( )　喝( ) 渴( )

艄( ) 悄( )　敲( ) 敌( )　燎( ) 潦( )　勺( ) 句( )

同伴一起来

1. 补全词语。

可怜( )( )　高楼( )( )　蹑手( )( )

活泼( )( )　逃之( )( )　密林( )( )

得意( )( )　稚气( )( )　饱含( )( )

2. 请用横线画出下面每组词语中不是同一类的词。

(1)民族 苗族 回族 满族 汉族

(2)喜欢 喜爱 热爱 酷爱 爱惜

(3)童话 古诗 寓言 诺言 谜语

(4)兰花 雪花 梅花 荷花 菊花

爸爸妈妈一起来

1.选择适当的关联词语填在括号里,并任选一个关联词写句子。

既……又…… 虽……但……

因为……所以…… 如果……就……

(1)蜂鸟身体(　　)小,(　　)肌肉非常结实。

(2)(　　)我们平时多下功夫,(　　)一定能取得好成绩。

(3)它们当中个儿大的,(　　)消失得慢,(　　)就旅行得远了。

(4)我们(　　)要把学习搞好,(　　)要把身体锻炼好。

2.把下面的"把"字句改成"被"字句。

(1)医生终于把那个病危的"非典"病人治好了。

______________________________。

(2)大水把八头大铁牛冲走了。

______________________________。

3.把下面的"被"字句变成"把"字句。

(1)地上的水被太阳晒干了。

______________________________。

(2)我家的电视机被李叔叔修好了。

______________________________。

4.听写本课出现的生字词(爸爸妈妈可以根据孩子的实际情况选择生字词)。

18 交通安全

学一学

指挥信号灯的含义:

(1)绿灯亮时,准许车辆、行人通过。

(2)红灯亮时,不准车辆、行人通过。

(3)黄灯亮时,不准车辆、行人通行,但已超过停止线的车辆或已经进入人行横道的行人,可以继续通行。

(4)黄灯闪烁时,车辆、行人须在确保安全的原则下通行。

行人应遵守哪些规定?

(1)行人应当在人行道内行走,没有人行道的靠路边行走。

(2)行人通过路口或横过道路,应当走人行横道或走过街设施;通过没有人行横道或者过街设施的路段,应当在确认安全后通过,不得在车辆临近时突然横穿。

（3）不得在车行道内坐卧、停留、嬉闹；不得跨越、倚坐道路隔离设施。

（4）不得在道路上使用滑板、旱冰鞋等滑行工具。

（5）不得有追车、扒车、强行拦车、抛物击车等妨碍道路交通安全的行为。

同伴一起来

1. 和小伙伴一起朗读安全儿歌。

告诉同学要记牢，遵守交规最重要；
上学放学不乱跑，来去要走人行道；
横过马路先观察，不急不慌安全保；
出行坐车守规矩，头手出窗危险到；
集体外出右边行，不可横排又打闹；
人小勿骑自行车，学车不可上街道；
遵守交规保安全，健康成长乐陶陶。

2. 和小伙伴轮流当小小交通安全员，看谁遵守交通规则。

爸爸妈妈一起来

请爸爸妈妈和我们一起在街上走走，实地讲解交通安全知识。

19 文明用语

学一学

小学生文明用语儿歌

小学生，有礼貌，
文明用语要记牢；
“谢谢，再见，对不起”，
求人“请”字别忘掉。
见到长辈问“您好”，
态度和气面带笑。

连一连

用直线将下列场景中正确的文明用语连起来。

见面问候语	再见;慢走;欢迎再来
求助于人用语	谢谢;麻烦你了;非常感谢
别人帮助你	您好;早上好;晚上好;见到您很高兴
别人感谢你	请问;请帮忙;请帮助我一下;请多指教
打扰别人	别客气;不用谢
听到别人道歉	请原谅;对不起;给您添麻烦了
接待来客	请进;请坐;见到您,十分高兴;欢迎光临
送别客人	抱歉;实在对不起,我帮不了你
不能帮助别人	不要紧;没关系;您不必介意

同伴一起来

1.和小伙伴一起扮演上面的场景,学习使用正确的文明用语。

2.和小伙伴比一比,看谁是学习和生活中的“文明用语之星”。

爸爸妈妈一起来

请爸爸妈妈在生活中监督自己使用文明用语。

20 三位数乘两位数的乘法

本次辅助教学意在进一步加强孩子对三位数乘两位数的乘法的练习，使孩子能正确地进行计算。

学一学

算一算。

太阳岛水上游乐场平均每天卖票236张，照这样计算，8月份一共可以卖多少张票？

236×31=7316（张）

$$\begin{array}{rl} 236 & \\ \times\quad 31 & \\ \hline 236 & \cdots\cdots\ 236\times1\text{的积} \\ 708 & \cdots\cdots\ 236\times30\text{的积} \\ \hline 7316 & \end{array}$$

答：8月份一共可以卖7316张票。

练一练

1. 估一估。

356×92　　　　595×33

2. 计算。

289×69=　　507×28=　　940×70=

3. 2006年，我国水力发电平均每月可达304亿千瓦时，全年水力发电多少亿千瓦时？

同伴一起来

和小伙伴相互出三位数乘两位数的乘法题目，看谁最先算出答案。

爸爸妈妈一起来

请爸爸妈妈给你出生活中的三位数乘两位数的乘法题目，你算出答案后，请爸爸妈妈批改。

21 阅读大舞台

读一读

阅读文章。

____

有一年疾病流行，华佗亲眼看到了许多人被疾病折磨得痛苦不堪。为了解除病人的痛苦，华佗立志学医。他风餐露宿，历尽艰辛，来到西山，拜精通医术的老人为师。

华佗拜了师，师傅说："这里有许多病人，你就一边专心伺候病人，一边留心观察每个病人病情的变化和用药情况。"因此，在三年里，他如饥似渴地攻读医书，学到了不少的医学知识。

寒来暑去，又是三年。一天，华佗正在读书，忽然有人跑来说："师傅病了，快去看看！"华佗连忙跑去，只见师傅两眼紧闭，手脚僵硬。他摸摸师傅的额头，又按按师傅的脉搏，然后笑着说："师傅无大病，自会好的。"人们都责怪华佗不懂医道。就在这时，师傅突然坐起来哈哈大笑，说："华佗说得对，我是故意装病的，就想试试他的本领。"众人听了，不得不佩服华佗的本领。

有志者事竟成。华佗终于学得一手好医术，辞别了师傅，下山给人治病去了。

同伴一起来

1.“竟”用部首查字法应查(　　)部，再查(　　)画，“竟”是(　　)结构。

2. 联系上下文给“风餐露宿”选择合适的解释，在括号里打“√”。

A. 在风里吃饭，在露天睡觉。(　　)

B. 好像又饿又渴的样子。(　　)

C. 指旅途的辛苦。(　　)

爸爸妈妈一起来

1. 根据文章内容回答问题。

(1)华佗学医是为了________________。

(2)“华佗给师傅治病”这件事说明了______________________________。

2. 给文章加个题目，写在文前的横线上。

3. 华佗是怎样认真读书的呢？展开想象，说一说。

22 榜样式人物

张海迪在图书馆里，坐在轮椅上认真地阅读书籍。

张海迪和同学们一起探讨文学问题。

张海迪在残疾人运动会的比赛现场向残疾人运动员挥手。

张海迪到残疾人康复机构看望孤残儿童。

中国残联主席张海迪热爱生命，热爱生活。她顽强地战胜了各种困难，勤奋学习。对张海迪来说，知识是一种财富，但自强是更珍贵的财富，有了它，就能够战胜一切困难，把爱心撒遍人间。在荣誉面前，张海迪并没有停止追求。虽然她一直在轮椅上生活，但从未被病痛打倒，始终努力向上，不放弃每一分钟的努力。

说一说

1. 请讲一讲张海迪的事迹。

2. 说一说张海迪身上的什么品质值得我们学习。

3. 如果我们要想像张海迪一样，做一个能吃苦、能坚持、乐于帮助和关心他人的人，那么在学习和生活中，我们应该怎么做？

同伴一起来

1. 和小伙伴比一比，看谁上课时能认真听讲、课后按时完成老师布置的作业。

2. 遇到难题要勤问老师或同学，直到弄懂。

3. 在生活中要做一个乐于帮助、关心他人的人。

爸爸妈妈一起来

请爸爸妈妈讲讲更多榜样人物的故事。

23 自我认识——我的影子

认一认，做一做

同学们，模仿左边的图做动作。快来认一认，哪一个是你的影子？

做一做

我们也来勾画自己的影子吧！

准备好大大的白纸和彩笔。

第一步：把白纸铺在地上。

第二步：你躺在白纸上。

第三步：让同学沿着你的身体轮廓，把你的影子勾画出来。大功告成！

同伴一起来

让同伴在你的“影子自画像”里写上你的特点。

爸爸妈妈一起来

1. 和爸爸妈妈一起将手电筒的光照在墙上，然后用手在墙的前面做出各种动物的影子。

2. 让爸爸妈妈在你的“影子自画像”里写上你的优点，画上你喜欢的东西。

24 相交与平行

学一学

两条直线相交成直角时，这两条直线互相垂直。

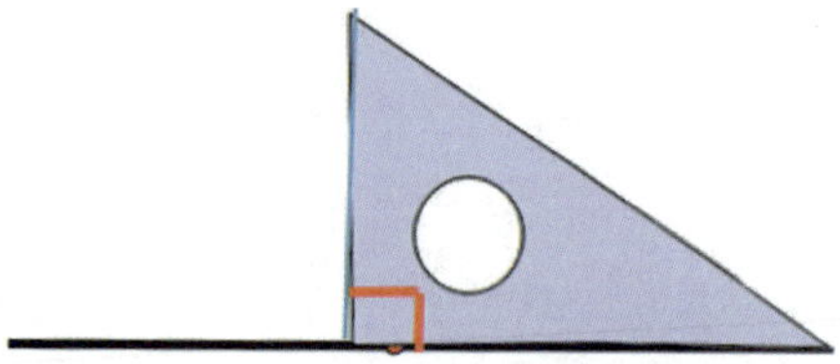

注意：①重合；　②靠紧；　③画线；　④符号。

在同一平面内不相交的两条直线叫作平行线，组成平行线的两条直线互相平行。

试一试

过直线外一点 A 作已知直线的垂线和平行线。

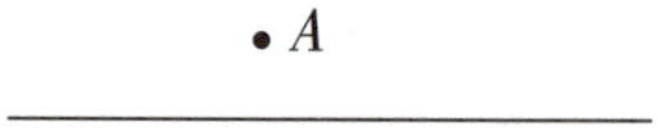

过直线上一点 P 作已知直线的垂线。

练一练

在三角形内任找一点 P，过 P 点作三角形三条边的垂线。

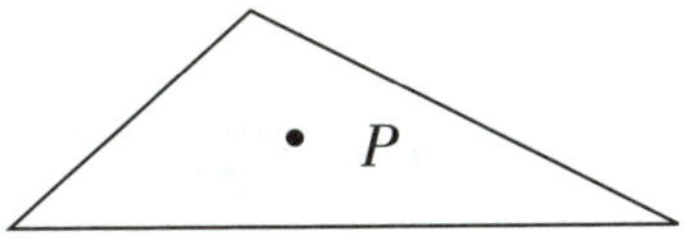

同伴一起来

1. 和小伙伴一起画平行线和垂线。
2. 相互检查所画的平行线和垂线是否正确。

爸爸妈妈一起来

1. 和爸爸妈妈一起去找找生活中的平行线和垂线。
2. 和爸爸妈妈讨论这些平行线和垂线对我们的生活有什么意义。

25 阅读大舞台

读一读

____

新春佳节之际，妈妈买来了一幅画。我粗略一看，这幅画并没有什么特别吸引人的地方。我心想：书店里有那么多色彩鲜艳的年画，妈妈为什么要买这幅呢？

我便一边琢磨，一边细细欣赏起来。这是一幅国画，画的背景是巍峨挺拔的高山，被淡淡的烟云笼罩着，群山若隐若现，令人格外神往。山坡下横插过来一株苍劲的松树，松树下是一对飞奔的骏马。奔跑在前头的是一匹枣红马，它浑身火红，仰天长嘶，红色的鬃毛高高飘起，全身的肌肉结实得像拳击场上的运动员，一块一块地凸出来，显得十分健美有力。枣红马腾空而起，柔软而漂亮的马尾巴甩得很起劲。紧挨着枣红马的是一匹白马，从头到尾一片洁白，连一根杂毛也没有，像一团白云轻轻飘来，显得那么洒脱矫健，分明是一匹千里马。

我越看越着迷，似乎听到了它们“嗒嗒”的马蹄声，看到了它们身后扬起的阵阵尘土，仿佛看见它们自由自在地飞驰在广阔的原野上。

这时，我猛然想起刚才的疑问，便跑去问妈妈。妈妈神秘地笑了，反问我：“你属什么呀？”我恍然大悟，抢着说：“知道了，知道了，我属马，这年画上的马象征着我。您希望我努力学习，不怕挫折，永远向前飞奔，对吗？”妈妈满意地点点头。

啊！马儿，你知道这是妈妈对我殷切的期望，我决心要让它变成现实。

同伴一起来

1.和小伙伴一起朗读这篇文章。

2.填空。

(1)这是一幅国画,画的背景是巍峨挺拔的(　　),被淡淡的(　　)笼罩着,群山若隐若现,令人格外神往。山坡下横插过来一株苍劲的(　　),松树下是一对飞奔的(　　)。

(2)妈妈买这幅画的目的是(　　　　　　　　　　)。

3.用横线画出写"我"观画时联想的句子。

爸爸妈妈一起来

1.用下列词语造句。

一边……一边……

例子:我一边琢磨,一边细细欣赏起来。

2.给短文加上标题,写在文前的横线上。

3.积累文中你喜欢的好词佳句。

26 校外常规

说一说，做一做

你在下面这些地方应该怎么做？

在医院

不乱跑，不大声喧哗，走路时要注意，不要碰到其他病人。多洗手，面对医生一定要有礼貌。

在车站、机场

身高超过1.3米要主动购票。市民无论是购票、检票，还是进站、上车、登机，都要排队。进入候车、候机大厅后，不要大声喧哗，不要无故奔跑，不要乱丢垃圾，不要抢占、强占座位，不要在座位上横躺竖卧，要互相礼让，给有需要的人让座。

到别人家

不乱拿别人的东西，不翻别人的柜子，不要跑来跑去，要有礼貌。

辨一辨

判断下面的做法对不对，为什么？

1.插队购票。

2.抢占两个位置。

3.在医院大吵大闹。

4.给别人让座。

5.翻别人的柜子。

同伴一起来

和小伙伴比一比，看谁在公共场合更遵守秩序。

爸爸妈妈一起来

请爸爸妈妈监督自己在公共场合的行为，并指出哪些地方需要改进。

27 三位数除以两位数的除法

本次辅助教学意在进一步加强同学们对三位数除以两位数的除法的理解，使同学们能正确地进行计算。

学一学

	除数是两位数的除法
除的顺序	先用除数去除被除数的前两位数，如果被除数的前两位不够除，就除前三位
商的位置	除到被除数的哪一位，商就写在被除数的哪一位上
余数的大小	每次除得的余数必须小于除数

1. 估一估。

624÷53　　　　501÷69　　　　800÷92

2. 解决问题。

学校共有576名学生，每18人组成一个环保小组，可以组成多少组？

576÷18= 32（组）

答：可以组成32组。

练一练

1. 估一估。

500÷71　　　　801÷89　　　　589÷61

2.计算。

509÷67　　　　361÷58

3.康庄度假村5月份接待旅行团217个，平均每天接待旅行团多少个？

同伴一起来

1.和小伙伴相互出有关三位数除以两位数的除法，并估算。

2.和小伙伴相互出有关三位数除以两位数的除法，并一起算出答案。

爸爸妈妈一起来

1.请爸爸妈妈出生活中有关三位数除以两位数的除法，估算后，再算出答案。

2.和爸爸妈妈一起总结，估算对于我们生活有什么重要的意义。

28 正确对待成功

读一读

狮子认为自己是森林之王，能打败所有的动物。一只蚊子不服气，跑去挑战狮子。狮子轻蔑地说："你这小蚊子，我用两根手指就能把你捏死!"蚊子说："你虽然长得这么高大，但是根本不是我的对手!"狮子听了非常生气，用手去抓蚊子。可是蚊子专门咬狮子没毛的地方，狮子气得把自己的脸都抓破了。最后，狮子要求停战，也承认蚊子比自己厉害。蚊子非常得意，哼着歌在空中飞来飞去。可是一不留神，居然一头撞在蜘蛛网上，被蜘蛛抓住了。

想一想

这个故事告诉我们什么？

同伴一起来

和小伙伴一起比一比，看谁取得成功后不骄傲。

爸爸妈妈一起来

1. 请爸爸妈妈讲讲有关戒骄戒躁、谦虚的成语故事。

2. 请爸爸妈妈常常提醒自己要正确对待成功，不要骄傲。

部分参考答案

3 字词句练习

想一想，做一做

1.读拼音，写词语。

懊丧　螃蟹　挖掘　乘车

嘎嘎叫　痕迹　投入　一缕缕

2.辨别组词。

跌（跌倒）	歼（歼灭）	兀（突兀）	货（装货）
跃（飞跃）	残（残疾）	元（元旦）	贷（贷款）
揭（揭开）	访（访问）	违（违法）	区（区别）
褐（褐色）	仿（仿造）	伟（伟大）	匹（马匹）

同伴一起来

1.在括号里填上合适的词。

（温暖）的阳光　（金色）的海滩　（有趣）的图案

（全新）的雕塑　（大胆）的构想　（歪歪扭扭）的曲线

袅袅地（升起）　静静地（思考）　欢快地（奔跑）

开心地（唱歌）　紧紧地（抱着）　轻轻地（捧着）

2.按要求填空。

（1）照样子写词语。

绿莹莹　红通通　金灿灿　绿油油　白生生

高高兴兴　开开心心　红红火火　和和美美　团团圆圆

（2）先补充歇后语，再写一条课外收集的歇后语。

①哑巴吃秤砣——（铁心）

②胸口摆天平——（称心）

③九月的甘蔗——(甜心)

④得了雨衣又要伞——(贪心)

(3)选词填空。

珍藏　　收藏

①孩子们捡起落叶(珍藏)起来。

②涨潮了，大海(收藏)了我们的创作。

懊丧　　悔恨

①今天，我做了一件错事，十分(悔恨)。

②我努力地去做，可仍没做好，心中非常(懊丧)。

爸爸妈妈一起来

1.用下面的词语造句。

赤裸裸——春天到了，赤裸裸的枝干上开始长出新的嫩芽！

忽略——银杏树开的花太小了，很容易被人忽略。

屈曲——银杏树那屈曲得很古怪的枝干上偶尔会有一两只鹰停在那里。

2.把下面的句子排列成一段通顺的话。

(3)一天，鲁班看见几个孩子在烈日下顶着荷叶玩，很受启发。

(2)鲁班一心想为人们做个既能挡雨，又能遮太阳的东西。

(1)很久以前，世界上没有伞。

(4)于是，他照着荷叶的样子，用竹条扎成架子，蒙上羊皮，做了起来。

(5)后来，鲁班终于想出好办法，制造出现在这样的伞。

4　四则混合运算

试一试

300+13×4
=300+52
=352

67×7−209
=469−209
=260

练一练

一批水果要运走，运了6次，每次运75筐，还剩93筐没有运走。这批水果原来有多少筐？

$75\times6+93$

$=450+93$

$=543$（筐）

答：这批水果原来有543筐。

同伴一起来

$125+15\div5$

$=125+3$

$=128$

$24\times3+8$

$=72+8$

$=80$

爸爸妈妈一起来

迎宾超市运进300元的牛奶，已经卖出5箱，每箱32元，还剩多少元的牛奶没有卖？

$300-32\times5$

$=300-160$

$=140$（元）

答：还剩140元的牛奶没有卖。

7 多位数的认识

试一试

读一读：100608005　　读作：一亿零六十万八千零五

6000300201　　读作：六十亿零三十万零二百零一

写一写：三亿零九十万零七　　写作：300,900,007

五十万零二百　　写作：500,200

同伴一起来

1.从个位起往左数,第(5)位是万位,第(7)位是百万位。

8 字词句练习

想一想,做一做

1.读拼音,写词语。

guǒ rén (果 仁)　fán nǎo (烦 恼)　zhōng yāng (中 央)

hóng yīng (红 缨)　mì shí (觅 食)　chì luǒ (赤 裸)

同伴一起来

1.和小伙伴一起填写多音字组词。

曲{qǔ(歌 曲) qū(弯 曲)}　藏{cáng(藏东西) zàng(西 藏)}　空{kōng(天 空) kòng(空 地)}

似{shì(似 的) sì(相 似)}　剥{bāo(剥 皮) bō(剥 削)}　折{zhē(折 腾) zhé(折 断)}

涨{zhǎng(涨 水) zhàng(泡 涨)}　缝{féng(缝 补) fèng(裂 缝)}　模{mó(模 型) mú(模 样)}

喝{hē(喝 水) hè(喝 彩)}　卡{kǎ(卡 车) qiǎ(关 卡)}　圈{quān(圆 圈) juàn(圈 养)}

2.和小伙伴一起照样子,写词语。

若(隐)若(现)　大(起)大(落)

有(始)有(终)　一(前)一(后)　不(冷)不(热)

3.和小伙伴一起把词语补充完整。

衣冠(楚楚)　相貌(堂堂)　风度(翩翩)

神采(奕奕)　威风(凛凛)　文质(彬彬)

(闻鸡)起舞　　(欣欣)向荣　　(亭亭)玉立

(滔滔)不绝　　(孜孜)不倦　　(循循)善诱

爸爸妈妈一起来

1.和爸爸妈妈一起收藏广告语。

(1)让我们同花儿(一起开放),和小树(一道成长)。

(2)地球母亲迫切希望(有一件完整的绿衣服)。

(3)别让我们的眼泪(成为世界上最后一滴水)。

2.和爸爸妈妈一起填写。

人之初,性本善。性相近,习相远。

苟不教,性乃迁。教之道,贵以专。

养不教,父之过。教不严,师之惰。

子不学,非所宜。幼不学,老何为。

10 数字编码

练一练

刘林家的门牌号码:A-13-06

11 字词句练习

1.读拼音,写词语。

hú	shòu	guì	bó	
模(糊)	高(寿)	下(跪)	(脖)子	
huǎng hū	miàn mào	chuǎi mó	mò bó sāng	jiǎn lòu
(恍　惚)	(面　貌)	(揣　摩)	(莫 泊 桑)	(简　陋)
zhuāng shì	lào yìn	yāo he	fù lì táng huáng	
(装　饰)	(烙　印)	(吆　喝)	(富 丽 堂 皇)	

2. 写一写：多音字组词。

殷{yān(殷 红) yīn(殷 实)}　笼{lóng(灯 笼) lǒng(笼 罩)}　觉{jué(感 觉) jiào(睡 觉)}

扇{shān(扇 动) shàn(扇 子)}　颤{chàn(颤 动) zhàn(寒 颤)}　逮{dǎi(逮 住) dài(逮 捕)}

倒{dǎo(摔 倒) dào(倒 立)}　旋{xuán(旋 转) xuàn(旋 风)}　冠{guān(衣 冠) guàn(冠 军)}

4. 写一写：把下列词语补充完整。

直(截)了(当)　一无(是)(处)　富丽(堂)(皇)

(狂)风(暴)雨　全神(贯)(注)　若(隐)若(现)

5. 填一填：填表示动作的词语。

我轻手轻脚地(爬)上树，(躲)在一个枝丫后面，目不转睛地(盯)着这只蝉。

12 加法运算律

练一练

237+27=27+(237)　294−99=294−(100)+(1)

同伴一起来

659+203
=659+200+3
=859+3
=862

516−135−265
=516−(135+265)
=516−400
=116

爸爸妈妈一起来

475−97
=475−100+3
=375+3
=378

389+257+11
=389+11+257
=400+257
=657

13 字词句练习

做一做

1. 读拼音，写汉字。

bó	jī	zhàng	suǒ	zào
(博)士	(肌)肤	故(障)	铁(锁)	(燥)热
(搏)斗	(饥)饿	蚊(帐)	烦(琐)	(噪)音

2. 用“__”划出不是同一类的词。

(1)南瓜

(2)蝙蝠

(3)《少年报》

(4)懒

(5)稻子

同伴一起来

1. 把下列词语补充完整。

目不(转)(睛)　目不(暇)(接)　目不(斜)(视)

全神(贯)(注)　全心(全)(意)　全力(以)(赴)

自强(不)(息)　自我(陶)(醉)　自始(至)(终)

坚持(不)(懈)　坚韧(不)(拔)　坚定(不)(移)

爸爸妈妈一起来

1. 我的收藏夹。

(1) 天秋日正中，水碧无尘埃。

(2)秋天万里净，日暮澄江空。

(3)野旷沙岸净，天高秋月明。

(4)凉风起江海，万树尽秋声。

2. 按要求缩写句子。

(1)聪明的我运用电脑学会了许多知识。

我学会了知识。

(2)这本美丽的本子被调皮的我撕烂了。

本子被我撕烂了。

(3)明亮的电灯在一间美丽的屋子里。

电灯在屋子里。

(4)这本厚厚的字典真是实用。

字典实用。

16 角

练一练

1.填空。

两个直角可以拼成一个(平)角。

把钝角、周角、平角、直角、锐角,按照从小到大的顺序排列起来是(锐角)、(直角)、(钝角)、(平角)、(周角)。

17 字词句练习

做一做

1.读一读,写一写。

yùn cáng　róng qià　rèn xìng　píng zhàng

(蕴　藏)　(融　洽)　(任　性)　(屏　障)

hé xù　màn gǔ　liàn yàn　yú lè

(和　煦)　(曼　谷)　(潋　滟)　(娱　乐)

同伴一起来

1.补全词语。

可怜(巴)(巴)　高楼(大)(厦)　蹑手(蹑)(脚)

活泼(伶)(俐)　逃之(夭)(夭)　密林(深)(处)

得意(忘)(形)　稚气(未)(脱)　饱含(深)(情)

2.请用横线画出下面每组词语中不是同一类的词。

(1)民族　苗族　回族　满族　汉族

(2)喜欢　喜爱　热爱　酷爱　爱惜

(3)童话　古诗　寓言　诺言　谜语

(4)兰花　雪花　梅花　荷花　菊花

爸爸妈妈一起来

1.选择适当的关联词语填在括号里,并任选一个关联词写句子。

既……又……　虽……但……　因为……所以……　如果……就……

(1)蜂鸟身体(虽)小,(但)肌肉非常结实。

(2)(如果)我们平时多下功夫,(就)一定能取得好成绩。

(3)它们当中个儿大的,(因为)消失得慢,(所以)就旅行得远了。

(4)我们(既)要把学习搞好,(又)要把身体锻炼好。

2.把下面的"把"字句改成"被"字句。

(1)那个病危的"非典"病人终于被医生治好了。

(2) 八头大铁牛被大水冲走了。

3.把下面的"被"字句变成"把"字句。

(1)太阳把地上的水晒干了。

(2)李叔叔把我家的电视机修好了。

20　三位数乘两位数的乘法

练一练

1.估一估:356×92≈32400　　595×33≈18000

2.计算:289×69=19941　507×28=14196　940×70=65800

3.304×12=3648(亿千瓦时)

答:全年水力发电3648亿千瓦时。

21 阅读大舞台

同伴一起来

1. “竟”用部首查字法，应查(立)部，再查(六)画，“竟”是(上下)结构。

2. 联系上下文选择合适的解释，在括号里打“√”。

风餐露宿：

C. 指旅途的辛苦。(√)

爸爸妈妈一起来

1. 根据文章内容回答问题。

(1)华佗学医是为了解除病人的痛苦。

(2)“华佗给师傅治病”这件事说明了华佗医术精湛，技术高超，学有所成 。

2. 给文章加个题目，写在文前的横线上。

华佗学医

3. 华佗是怎样认真读书的呢？展开想象，说一说。

提示：根据短文中“在三年里头，他如饥似渴地攻读医书，学到了不少的医学知识”，展开想象，说一说。

23 自我认识——我的影子

材料准备：1开的白纸，水彩笔。

活动程序：

①课前准备

教师打开手电筒，让学生在黑暗的教室里辨认自己的影子。

②暖身与分组

通过“几朵花”活动将学生分为两人一组。

③活动实施

第一，让学生将白纸铺在地上。其中一名同学先仰面平躺在白纸中心，另一名同学用彩色笔勾画出他的身体轮廓。然后，交换角色，勾画出另一名同学的身体轮廓。

第二，每个学生分别在自己的轮廓里进行填补，形成“自己的形象”。教师还可以引导学生在空白处画上和自己有关的丰富的内容。例如：拥有的心爱之物、重视的东西等。

第三，等学生完成“人体倒模”，张贴学生的作品，让学生把自己填画的内容介绍给大家。

25 阅读大舞台

同伴一起来

2. 填空。

（1）这是一幅国画，画的背景是巍峨挺拔的（高山），被淡淡的（烟云）笼罩着，使群山若隐若现，令人格外神往。山坡下横插过来一株苍劲的（松树），松树下是一对飞奔的（骏马）。

（2）妈妈买这幅画的目的是（希望我努力学习，不怕挫折，永远向前飞奔）。

3. 用横线画出写“我”观画时联想的句子。

我越看越着迷，似乎听到了它们“嗒嗒”的马蹄声，看到了它们身后扬起的阵阵尘土，仿佛看见它们自由自在地飞驰在广阔的原野上。

爸爸妈妈一起来

1. 用下列词语造句。

我一边看书，一边大声朗读。

2. 给短文加上标题，写在文前的横线上。

一幅画

3. 积累文中你喜欢的好词佳句。

好词：巍峨挺拔　若隐若现　洒脱矫健　恍然大悟　自由自在

佳句：

奔跑在前头的是一匹枣红马，它浑身火红，仰天长嘶，红色的鬃毛高高飘起，全身的肌肉结实得像拳击场上的运动员，一块一块地凸出来，显得十分健美有力。枣红马腾空而起，柔软而漂亮的马尾巴甩得很起劲。紧挨着枣红马的是一匹白马，从头到尾一片洁白，连一根杂毛也没有，像一团白云轻轻飘来，显得那么洒脱矫健，分明是一匹千里 马。

27 三位数除以两位数的除法

练一练

1. 估一估。

500÷71≈7　　801÷89≈9　　589÷61≈10

2. 计算。

509÷67=7……40　　361÷58=6……13

3. 217÷31=7(个)

答:平均每天接待旅行团7个。

特殊需求儿童

融合教育手册（上册）

主　　编：张文京
副 主 编：李　丹
本册统筹：赵　婕
本册编者：李乐惠　胡中丽　胡加华　张纯英　廖诗芳
　　　　　李　丹　杜艾静　赵　婕　吴燕毅
绘　　图：张　昆　骆　阳　冯　婷

五年级

西南师范大学出版社
国家一级出版社　全国百佳图书出版单位

图书在版编目(CIP)数据

特殊需求儿童融合教育手册. 上册 / 张文京主编
. — 重庆：西南师范大学出版社, 2019.10
ISBN 978-7-5621-4822-7

Ⅰ. ①特… Ⅱ. ①张… Ⅲ. ①儿童教育－特殊教育－手册 Ⅳ. ①G76-62

中国版本图书馆CIP数据核字(2019)第220801号

特殊需求儿童融合教育手册·上册
TESHU XUQIU ERTONG RONGHE JIAOYU SHOUCE·SHANGCE

主　　编：张文京
副 主 编：李　丹

责任编辑：杨光明
责任校对：胡君梅
封面设计：起源
排　　版：重庆大雅数码印刷有限公司
出版发行：西南师范大学出版社
　　　　地址：重庆市北碚区天生路2号
　　　　邮编：400715
　　　　网址：www.xscbs.com
印　　刷：重庆荟文印务有限公司
幅面尺寸：185mm×260mm
印　　张：28.5
字　　数：380千字
版　　次：2019年12月　第1版
印　　次：2019年12月　第1次
书　　号：ISBN 978-7-5621-4822-7

定价(共六册)：90.00元

衷心感谢被收入本书作品的作者对本书稿编写的热心帮助和支持，由于一些作者的姓名和地址不详，虽经编写团队多方努力，个别作者仍暂时无法取得联系，恳请相关作者与西南师范大学出版社联系（电话：023-68254356），以便办理署名、付酬等事宜。

本书部分文字作品稿酬已委托中国文字著作权协会转付，敬请相关著作权人联系。
电话：010-65978917，传真：010-65978926，E-mail: wenzhuxie@126.com

给老师和家长的话

各位老师、家长：

你们好！这是提供给融合教育中有特殊教育需求的孩子的支持性学习手册。

本手册共12册，每学期一册，每册的学习内容与每学期的学科学习基本同步。每册有28课或29课，平均每周完成2课左右。全部手册包括三大部分内容：学校适应、学习活动、自我成长。其中，“学校适应”包含：适应学校环境、遵守学校常规、人际沟通、参与活动、品行；“学习活动”包含：学习能力、学习态度、学习策略；“自我成长”包含：自我引导、自我规划、自我评价、自我调控、自我增强。

本手册由教师、家长支持各位孩子在学校、家庭中实施。手册具有建议性、支持性，在使用过程中可以依据孩子的具体情况灵活选用，不必拘泥于某册某课。具体使用建议如下：

一、教师与家长沟通，家校合作

教师与家长沟通、家庭与学校合作是帮助特殊需求孩子获得有效学习的基础。

二、教师、家长以身作则

教师、家长应成为孩子的榜样。要求孩子做的，教师、家长要先做到。例如：不随地吐痰、走人行横道线等。教师、家长要时刻注意自己的言谈、举止、处事和待人之道。想培养有教养的孩子，需要有教养的教师和家长。

三、保持教师、家长教育的一致性，在“温柔的坚持”中实施教育

教师、家长应保持对学生教育态度和要求的一致性，共同秉承“温柔的坚持”的教育原则，面对规则要求不破例、不轻言放弃。

四、相互尊重、平等的教育教学

在教育教学中，教师、家长、孩子三者是平等与相互尊重的关系。教师与家长是支持者、信息提供者；孩子是问题提出者、主动学习者。教学双方共同参与，共同进步，共同分享。

五、在具体情境中关注行为习惯的养成教育

情境教学是学校、家庭、社区教育的首选。用餐时学餐饮礼仪，解题时教思维步骤等，以情境施教，在具体情境中关注行为习惯的养成教育。关注良好行为习惯的养成是教育教学的重点。

六、小步子、多重复、多感官，循循善诱

对特殊需求孩子的教育，常将整体、大问题分为小步进行。用总分总的思路，多次重复，调动眼、耳、口、鼻等多感官参与。教育教学时要心平气和，不急不躁，尝试多种方法，创造多种策略。

七、多鼓励表扬，给予成功的教育

在学校、家庭的教育中，“要这样做”应多于“不准这样做”，要表扬多于批评。不要让孩子有过多的挫败，而应创设成功的可能，多关心、鼓励和肯定。战胜困难后获得的成功最具推动力。

八、把握教育的度，让孩子自我选择，自己做决定

了解孩子的起点、水平、兴趣、需求、愿望，让孩子自我选择，自己做决定；给孩子承担责任的机会。教育要适量、适时、适度，不可不及，也不要太过。

九、教育最终让孩子成为他自己

家庭、学校教育的最终目的是顺应孩子的自然天性，让他成为他自己，成为一个独立、自主的人！

编者

给同学们的话

亲爱的同学们：

度过了愉快的暑假，你们已经是五年级的学生了，新的旅程即将开始！

你们将学会诚实守信，对自己的学习和生活负责；你们会与同学一起参与学校、家庭和社区的活动，做出自己的贡献；你们逐渐学会适应社区生活，感恩社会。你们与同伴一起协商解决事情，调整自己的情绪，解决生活中的一些冲突；与同伴一起徜徉在知识的海洋，学语文，学数学。你们还要学会更好地认识自己，认识自己的优点与缺点，多看到自己的长处，多给自己一些要求和期许！同时，你们要学会保护自己，特别是自己的隐私！

同学们，一分付出一分收获。相信在新学期里，你们将会结识更多的朋友，学到更多的知识！

你们的大朋友

目 录

（五年级）

SCHOOL

开学啦

1 我是班级小主人

做一做

我为大家擦黑板。

我读五年级了，我是班级小主人，我有责任为班集体做贡献。

我积极参加班集体活动，认真完成班集体交给的工作。平时我热心为大家服务。轮到我当值日生的时候，我早上迎接同学，下课帮助老师擦黑板，放学后主动做好教室的清洁。

我要维护班级荣誉，按照《小学生守则》的要求，严格要求自己，做一名合格的小学生。

说一说

1. 你在哪所学校读书？

2. 你为班上做了一些什么事情？

3. 你觉得怎样才算一个合格的班级小主人？

议一议

下面同学的做法对吗？为什么？

1. 轮到我做清洁的时候，我假装生病，不做清洁。

2. 我是劳动委员，做大扫除的时候，我积极带领大家认真做好清洁。

3. 我将自己家最好看的书带到学校，借给其他同学看。

4. 我踢足球时，不小心把教室的玻璃窗户打坏了，我偷偷回到教室，不告诉别人是我踢坏了玻璃窗。

同伴一起来

大家一起为班集体做贡献。

爸爸妈妈一起来

和爸爸妈妈说说自己为班集体做的事情。

2　诚实的孩子

读一读

一个国王想找一位诚实的孩子做王子。

他对前来应招的孩子们说:“今天给你们一粒种子,三个月后,看谁能种出最美丽的花,谁就是王子。”

三个月过去了,聪明伶俐的孩子们捧着一盆盆五彩的花儿,前来参加最后的竞争。只有一位小孩盆中空空,眼泪汪汪:“尊敬的国王,我每天辛勤地浇水,细心地施肥,即使睡觉,也把花盆搂在怀里,但是,我却什么也没种出来……”国王听了哈哈大笑:“诚实的王子呀,你不会种出任何的花草,因为我给你们的,都是炒熟的种子呀!”

最后,国王选择这个诚实的孩子做了王子。

说一说

1. 诚实的孩子为什么没有种出花？

2. 国王为什么没有选择种出漂亮花的孩子，反而选择了诚实的孩子做王子呢？

议一议

1. 为什么我们要诚实？

2. 说一件自己诚实的事。

3. 下面的同学是否诚实，为什么？

(1)我把家里的花瓶打破了，我告诉妈妈是小猫打破的。

(2)我起床晚，上学迟到了，我告诉老师，我是帮助别人才迟到的。

(3)我考试只考了70分，我告诉了妈妈，并说下次我一定考好。

(4)我把语文书弄丢了，我告诉妈妈是同桌把我的书借去了。

同伴一起来

小伙伴互相讲一讲诚实的故事。

爸爸妈妈讲《狼来了》的故事给孩子听，告诉孩子为什么要诚实，不能说谎。

3　形近字组词

辨一辨

用下面的形近字组词。

捅（　　　　）　　纠（　　　　）　　粘（　　　　）
桶（　　　　）　　叫（　　　　）　　贴（　　　　）

愈（　　　　）　　甸（　　　　）　　捣（　　　　）
喻（　　　　）　　句（　　　　）　　岛（　　　　）

拔（　　　　）　　涉（　　　　）　　甩（　　　　）
跋（　　　　）　　步（　　　　）　　用（　　　　）

伸（　　　　）　　励（　　　　）　　抗（　　　　）
神（　　　　）　　厉（　　　　）　　坑（　　　　）

哇（　　　　）　　赴（　　　　）　　湃（　　　　）
佳（　　　　）　　赶（　　　　）　　拜（　　　　）

夕（　　　　）　　讯（　　　　）　　椅（　　　　）
汐（　　　　）　　汛（　　　　）　　倚（　　　　）

泄（　　）	眨（　　）	曳（　　）
泻（　　）	泛（　　）	拽（　　）
坝（　　）	戒（　　）	预（　　）
败（　　）	械（　　）	顶（　　）
锐（　　）	党（　　）	窝（　　）
说（　　）	常（　　）	涡（　　）
颈（　　）	经（　　）	砾（　　）
劲（　　）	径（　　）	烁（　　）
抵（　　）	帖（　　）	姑（　　）
低（　　）	贴（　　）	咕（　　）
嗅（　　）	租（　　）	缺（　　）
臭（　　）	祖（　　）	缸（　　）

同伴一起来

同伴互相考一考，是否都会认上面的字，并会组词。

爸爸妈妈找更多的形近字，看孩子是否能辨别它们的不同并组词。

4　平行四边形的面积

本课是在认识平行四边形的特征及掌握了长方形、正方形的面积计算的基础上，帮助同学们学会用公式解决简单的实际问题。

学一学

一块平行四边形钢板（如下图），底是15分米，高是9分米，它的面积是多少？

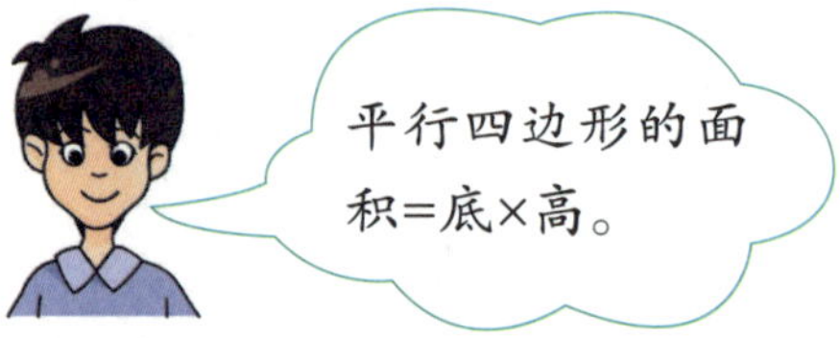

15×9=135（平方分米）

答：它的面积是135平方分米。

试一试

1. 一个平行四边形的底是12分米，高是3.4分米，它的面积是多少平方分米？

2. 一块平行四边形菜地的底是25米，高是3.9米，如果每平方米收白菜19千克，这块菜地一共收白菜多少千克？

练一练

1. 一个平行四边形的底是2.7厘米，高是6.5厘米，它的面积是多少平方厘米？

2. 一个平行四边形的面积是48平方分米，高是12分米，它的底是多少分米？

3. 一块平行四边形菜地的底是21米，高是8米。如果每平方米收白菜12千克，这块菜地一共收白菜多少千克？

同伴一起来

同伴互相说说平行四边形的面积计算公式。

一块平行四边形菜地的底是11米，高是7米。如果每平方米收花菜10千克，这块菜地一共收花菜多少千克？

5　有话好好说

读一读

下午，我看见两个同学在为争篮球而打闹。我立刻跑过去，拉开他们。然后劝起架来：“我们能在一所学校学习是一种缘分呀！大家一起打篮球不是更有意思吗？”两个同学听了我的话，觉得很有道理，异口同声地向对方道了歉。

我看后，心满意足地笑了。是呀，要是人与人之间学会宽容，将心比心，有话好好说，那我们的学校、家庭和社会就会更加和谐友爱。

说一说

遇到下面的情形，你应该怎么做？

1. 公交车上我不小心踩了别人的脚，他骂我，然后我就打了他。

2. 前面同学不小心把后面同学的文具盒弄在了地上，他俩吵起来了。

3. 两个小弟弟为争一个玩具打架。

4. 运动会上，两个班级同学争论谁是第一，闹得很不愉快。

做一做

1. 在集体生活中，遇到他人之间发生冲突的时候，要上前制止，帮忙化解矛盾，起到协调作用。

2. 在家里，当家人之间发生矛盾冲突时，也要能主动调解，化解矛盾。

同伴一起来

与同学互相说一说，当你们之间发生矛盾的时候该怎么办？

爸爸妈妈做有话好好说的榜样。

6 选字填空

选一选，填一填

为　味　猬　谓

刺（　）　所（　）　因（　）　（　）道

宛　完　晚　碗

饭（　）　（　）如　（　）美　（　）上

竣　峻　俊　骏

（　）秀　（　）岭　（　）马　（　）工

训　迅　汛　讯

潮（　）　（　）速　音（　）　（　）练

玉　遇　预　浴

（　）习　（　）石　沐（　）　（　）见

罗　啰　逻　萝

（　）卜　（　）辑　姓（　）　（　）嗦

冻　东　咚　冬

(　　)西　冷(　　)　(　　)天　咕(　　)

珍　侦　真　针

(　　)假　(　　)贵　(　　)察　打(　　)

钱　浅　前　钳

(　　)进　(　　)住　有(　　)　深(　　)

工　公　宫　功　攻　恭

(　　)开　(　　)人　皇(　　)　进(　　)

(　　)劳　(　　)敬

丈　帐　杖　仗

拐(　　)　打(　　)　(　　)夫　蚊(　　)

同伴一起来

小伙伴互相检查一下,这些题目都做对了吗?

爸爸妈妈指导孩子不会做的题目,引导孩子进行复习。

7　三角形的面积

本课是在认识了三角形的特征，掌握了长方形、正方形与平行四边形的面积计算的基础上进行的。让同学们学会用公式解决简单的实际问题，同时加深对三角形与长方形、平行四边形之间内在联系的理解。

学一学

一种零件有一面是三角形，三角形的底是5.6厘米，高是4厘米。这个三角形的面积是多少平方厘米？

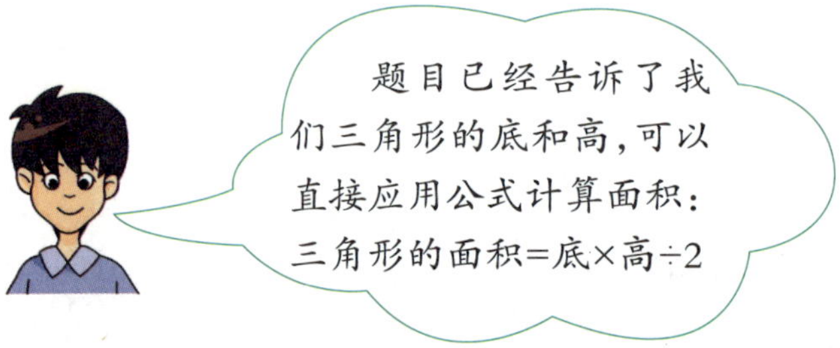

5.6×4÷2=11.2（平方厘米）

答：这个三角形的面积是11.2平方厘米。

试一试

1. 一个三角形的底是18分米，高是2.4分米，它的面积是多少平方分米？

2. 一块三角形菜地的底是20米，高是9米。如果每平方米收红薯26千克，这块菜地一共收红薯多少千克？

练一练

一个三角形的底是26厘米，高是3.5厘米，它的面积是多少平方厘米？

同伴一起来

同伴互相考一考三角形面积的计算公式是怎样的。

1. 一块三角形菜地的底是30米，高是2.9米。如果每平方米收花菜12千克，这块菜地一共收花菜多少千克？

2. 一个三角形的面积是24平方分米，高是6分米，它的底是多少分米？

8 感恩社会

看一看

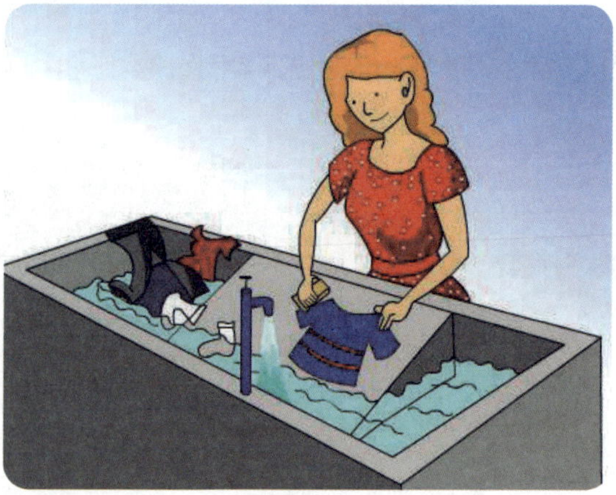

我们用自来水洗衣服

我们用天然气做饭

现代社会给我们生活带来了很多方便。我们有水、电、气等各种生活设施，也能使用广场、健身设备等。有人保护我们的安全，还有很多人为我们服务。我们要学会感恩，为社会做出自己的贡献。

说一说

1. 家里的水、气和电是从哪里来的?

2. 水库、气站和电站是谁出资建设的?

3. 你是怎样节约用水、节约用气和节约用电的?

4. 自己长大了,能为这个社会做些什么?

做一做

1. 节约用水——水龙头拧小一点,洗衣、洗菜的水可以用来拖地和冲厕所等。

2. 节约用电——没有人在的房间要及时将灯关掉。

同伴一起来

1. 和同伴一起讨论:感恩社会可以从生活中哪些小事做起?

2. 说说自己为社会做了哪些事情。

和爸爸妈妈一起为社会做一件有益的事情。

9　表达自己的情绪

学一学

我很高兴，因为我考得好；他很难过，因为他考得不好。

高兴、生气、伤心、难过、害怕……这是我们的情绪。

当我们有情绪的时候，我们就要表达出来，不要憋在心里。当我们表达自己的情绪时，应考虑别人的心情、感受。同时，我们要学会用适当的方式表达自己的情绪。

选一选，填一填

高兴　　生气　　伤心　　害怕

1. 一个小孩面带微笑，对另一个小孩说："我今天真________。"
2. 一个小孩脸上的表情很难过，对老师说："老师，我很________。"
3. 一只老鼠从他面前跑过，他说："我很________。"
4. 他的玩具被别人抢了，他握紧了拳头，说："我很________。"

说一说

1. 哪些事情让你很高兴？
2. 哪些事情让你很生气？
3. 哪些事情让你很伤心？
4. 哪些事情让你很害怕？

同伴一起来

同伴互相分享一件高兴和伤心的事情。

给爸爸妈妈说说在学校发生的高兴的事情。

10　词语练习

填一填

一（　　）而上	身先士（　　）	机（　　）勇敢
（　　）立鸡群	走（　　）无路	配合（　　）契
望而生（　　）	（　　）视眈眈	龙（　　）虎跃
鸡犬不（　　）	狐（　　）虎（　　）	呆若（　　）（　　）
闻（　　）起（　　）	（　　）死（　　）斗	落（　　）而逃
兵（　　）马（　　）	不分（　　）（　　）	（　　）关重要
坚（　　）不（　　）	年（　　）力（　　）	贫（　　）交加

找一找

在句子中找出反义词。

（1）燕子高飞晴天告，燕子低飞雨天报 。（　　　）——（　　　）

（2）我游览过水平如镜的西湖，也游览过波涛汹涌的大海。

（　　　）——（　　　）

（3）谦虚使人进步，骄傲使人落后。

（　　　）——（　　　）　（　　　）——（　　　）

（4）学习如逆水行舟，不进则退。（　　　）——（　　　）

（5）黑暗最终会被光明所代替。（　　　）——（　　　）

（6）你这么又哭又笑的，到底是高兴还是难过啊？

（　　　）——（　　　）　（　　　）——（　　　）

（7）少壮不努力，老大徒伤悲。（　　　）——（　　　）

（8）这条街道白天很热闹，晚上却很寂静。

（　　　）——（　　　）

写一写

1. 按要求写词语。

表示快乐的:____________________

景色美丽:____________________

红红火火(AABB):____________________

绿油油(ABB):____________________

气息奄奄(ABCC):____________________

叮咚(表示声音的词语):____________________

2. 根据意思写成语。

(1)形容说话很慢,不慌张。 (　　)

(2)形容呼吸微弱的样子。 (　　)

(3)形容事物或情景十分清晰地显现在眼前。 (　　)

(4)敬佩之情一下子涌上来。 (　　)

(5)形容非常开心的样子。 (　　)

(6)自己吹嘘自己。 (　　)

(7)装作没有发生什么事一样。 (　　)

(8)前面的人上去了,后面的人就跟着上去,形容踊跃前进,连续不断。 (　　)

同伴一起来

一个同学说词语或成语意思,其他同学猜猜他说的是什么词语或成语。

和爸爸妈妈找出本单元课文中你认为优美的词语。

11　梯形的面积

本课是在掌握了平行四边形、三角形的面积和梯形的特征，以及长方形、正方形的面积计算公式的基础上的学习。同学们要学会用梯形的面积计算公式解决简单的实际问题。

学一学

一个梯形果园的上底是27米，下底是42米，高是16米，它的面积是多少平方米？

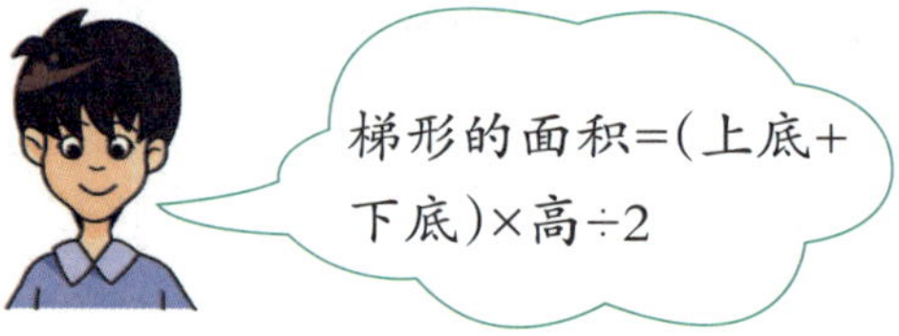

(27+42)×16÷2=552（平方米）

答：它的面积是552平方米。

试一试

1. 一个梯形的上底是46厘米，下底是22厘米，高是56厘米，它的面积是多少平方厘米？

2. 一块梯形菜地的上底是12米，下底是23米，高是18米。如果每平方米收韭菜12千克，这块菜地一共收韭菜多少千克？

练一练

1. 一个梯形的上底是21分米，下底是43分米，高是7分米，它的面积是多少平方分米？

2. 一块梯形菜地的上底是32米，下底是63米，高是9米。如果每平方米收芹菜5.2千克，这块菜地一共收芹菜多少千克？

3. 一个梯形的面积是4.8平方分米，高是1.2分米，上底是0.3分米，它的下底是多少分米？

同伴一起来

同学间互相说梯形的面积计算公式。

一个梯形的面积是6平方分米，上底是0.8分米，下底是0.4分米，它的高是多少分米？

12　我被告状了

学一学

“老师，小明把我的文具盒弄坏了！”

当别人到老师那里告我们状后，我们不要急着发脾气，而要看告状的人所说的是否属实。如果是我们确实做错了，或者做得不够好，我们要勇于承认错误并改正；如果是别人误会我们，我们再找机会给他说明这件事情；如果是别人恶意去告我们的状，我们要给老师说清楚，等待老师的处理。

说一说

1. 当别人到老师那里告你状的时候，你会怎么做呢？

2. 判断下面的做法正确还是错误。

(1)判断他人告状的内容是否属实。(　　)

(2)去找告状的人算账。(　　)

(3)去找告状的人沟通，化解误会。(　　)

(4)去找老师沟通，了解事情的真相。(　　)

(5)我会表现得更好，让大家都表扬我。(　　)

(6)不理告状的人，让大家都不和他玩。(　　)

(7)偷偷把告状的人的书扔到窗外去。(　　)

同伴一起来

说说小伙伴的缺点或不足，并帮助他改正。

当你被告状的时候，可以告诉爸爸妈妈，让爸爸妈妈和你一起正确处理。

13　今天我当家

学一学

妈妈对我说："宝贝，明天妈妈不在家，你能照顾自己吗？""我能，我能。"我说。

第二天，妈妈走啦。我自己动手穿衣服，我手忙脚乱地总算把衣服穿好了，却把衣服的扣子扣错了。穿好衣服，我拿起了小喷壶，给花儿浇水。然后该扫地了。我发现扫地并不是一件容易的事。那些小纸屑、小布条、小塑料纸什么的，都像长了脚一样，你往这边扫，它们往那边跑；你往那边扫，它们就往这边跑。谢天谢地，终于扫完地了。正在这时，看见门后有一个人影，原来是妈妈。

原来，妈妈并没有离开，她只是想看看我一个人在家的时候，害怕不害怕。

说一说

1. 你会穿衣服吗?

2. 你会扫地吗?

3. 你会洗衣服吗?

做一做

1. 扫地。(左手拿撮箕,右手拿扫把;右手轻轻扫,双脚慢慢移;从左扫到右,从里扫到外;垃圾扫进筐,地板扫干净)

2. 洗衣服。(脏衣服,水中泡,擦肥皂,揉一揉,领口袖口搓一搓,冲三次,拧三次,晒衣服)

3. 煮面条。(烧水,准备调料,水开,放面条,开中火,煮3分钟,关火,挑面条)

4. 炒蛋炒饭。(先打鸡蛋,放油,油开,炒鸡蛋,放冷饭,把饭炒散,炒5分钟,然后关火,放盐,混合均匀,盛饭)

同伴一起来

和同学分享一下你做家务事的心得。

1. 在爸爸妈妈的带领下做家务事。

2. 和爸爸妈妈口头说一说做家务事的过程。

14 句式练习

写一写

1. 他只给了我一本书，这真叫我为难。

反问句：____

2. 东东的学习成绩好。东东的身体好。（加上合适的关联词连成一句话。）

____

3. 昨天你不是送来了一封鸡毛信吗？（换种说法，意思不变。）

____

4. 悠扬的琴声被我的思路打断了。（修改病句。）

____

说一说

判断下列句子是否是比喻句，是比喻句的画“√”，不是的画“×”。

1. 那江水中的一根石柱，不正是大象的鼻子插进漓江中在尽情地吸水吗？（　　）

2. 粮仓里堆的谷子像一座小山似的。（　　）

3. 我一定要像小红一样考上清华大学。（　　）

4. 这里的路真滑，好像一不小心就会摔倒。（　　）

排一排

把下面排列错乱的句子重新排列。

(　　)这里到处是花，红的、紫的、白的、黄的，五彩缤纷，美丽极了。

(　　)西双版纳是花的海洋。

(　　)有带红斑点的凤凰花，样子就像传说中的凤凰。

(　　)不但有芍药花、美人蕉、紫罗兰，还有许多奇花异草。

(　　)还有一种圆形的小花，它早上是白的，中午变成蓝色，到晚上就变成紫色了。

同伴一起来

将下列句子排列成通顺的一段话。

(　　)下午两点，活动结束了。

(　　)回家路上，大家都说："这真是愉快的一天呀！"

(　　)九点左右，到达目的地。我们开始野炊活动，有的洗菜，有的切肉，有的淘米……

(　　)饭后，我们还组织了打野战、捉迷藏活动。

(　　)中午十二点，开饭了。饭菜特香，大家吃得别有滋味。

(　　)星期天早上，我们中队迎着太阳到郊外野炊。

带孩子练习不同句式。

1. 金黄的树叶飘落下来。

改写成比喻句：________________________________

改写成拟人句：________________________________

2. 太阳照耀着大地。

改写成比喻句：________________________________

改写成拟人句：________________________________

15　小数乘整数

本课是在整数乘法、小数加减法、小数性质基础上的学习，学好本课内容能为以后的学习打下坚实的基础。

学一学

小数乘法计算方法：

①先将小数转化为整数；

②按整数乘法算出积；

③确定积的小数点位置。

1. 每本笔记本3.5元，买3本笔记本一共要用多少元？

3.5×3=10.5（元）

$$\begin{array}{r} 3.5\text{元} \\ \times\quad .3 \\ \hline 10.5\text{元} \end{array} \quad \begin{array}{c} \longrightarrow \\ \\ \longleftarrow \end{array} \quad \begin{array}{r} 35\text{角} \\ \times\quad .3 \\ \hline 105\text{角} \end{array}$$

2. 0.72×5=?

$$\begin{array}{r} 0.72 \\ \times\quad .5 \\ \hline 3.60 \end{array} \quad \begin{array}{c} \xrightarrow{\text{扩大到它的100倍}} \\ \xleftarrow{\text{缩小到它的}\frac{1}{100}} \end{array} \quad \begin{array}{r} 72 \\ \times\quad .5 \\ \hline 360 \end{array}$$

将积化成最简小数3.6。

试一试

1. 先计算0.43×4，再说思考过程。

2. 计算。

0.23×5=　　43×0.4=

4.35×6=　　17×3.6=

练一练

1. 先说积中有几位小数，再计算。

1.25×3=　　0.123×6=

0.42×7=　　2.84×3=

2. 根据23×6=138写出下面各题的积。

2.3×6=　　0.023×6=　　0.23×6=

同伴一起来

计算：

12.4×7=　　0.016×12=

去超市买东西，请孩子帮忙计算。

16 我能坚持

试一试

成功没有秘诀，贵在坚持。任何伟大的事业，成于坚持不懈，毁于半途而废。其实，世间最容易的事是坚持，最难的也是坚持。说它容易，是因为只要愿意，人人都能做到；说它难，是因为能真正坚持下来的，终究只是少数人。

我们无论做什么事情都要坚持到底，不要半途而废。

想一想

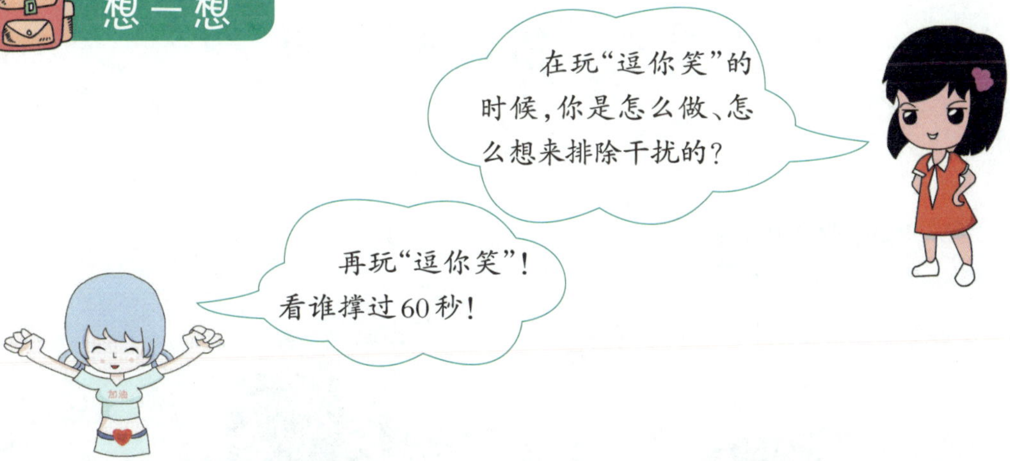

同伴一起来

一起玩“金鸡独立”，看谁坚持得久。

让孩子坚持按自己设定的闹钟时间起床。

17　折纸和剪纸

学一学

我们要从小培养自己的兴趣和爱好。我们可以学习折纸，也可以学习剪纸。一张张纸在我们的手上变成了各种花、各种动物、各种好看的东西。

学会了这些，我们就会越来越心灵手巧，我们的生活也会越来越丰富多彩。

做一做

1. 请找齐下面的材料或工具，做一朵漂亮的风信子花吧！

用黄色皱纹纸剪一个正方形。

把正方形皱纹纸剪成花瓣形。

用钳子将铁丝弯一个钩。

将铁丝穿过花瓣中央，并用双面胶粘好。

再穿10多个花瓣。

贴上叶子，风信子花就做好了。

2. 折一架纸飞机。

3. 剪一张漂亮的窗花。

同伴一起来

1. 先画一辆卡车，再剪下来。

2. 折纸飞机，看谁折的飞机飞得远。

和爸爸妈妈一起折纸和剪纸。

18 阅读训练(一)

读一读，做一做

我爱荷叶

古人的诗文中赞美荷花的的确不少，荷花固然值得赞美，然而，我却更爱荷叶。

如果没有荷叶，只剩一枝枝光秆荷花，孤独无依地站着，就显得单调。(　　　)没有荷叶，(　　　)不能进行光合作用，也就长不出这些漂亮的荷花。

看啊，那满塘荷叶，墨绿，浑圆，厚重。久旱初雨，雨点儿哗啦啦地洒满荷塘。对像珍珠一样宝贵的水，荷叶一点一滴都不沾唇。它们总是小心地保存起来，留给湖中的鱼儿。风雨袭来，它们紧密团结，连成一片，不怕风吹雨打，就是身子翻过来也忘我地保护荷花。烈日吐火，它们个个撑起翠绿色的伞，挡住炎热，静静地看着阴凉处的鱼戏虾游。

荷叶作为药材，可以去热清火。荷叶作为特别的包装材料，不怕浸水，不怕油污。用荷叶煮成粥，碧绿馨香，清爽可口……

荷叶虽然功德无量，但它从不居功自傲。当人们指点荷花时，荷叶从不计较，不争名，不求利，不出风头，不论地位，总是默默地尽职尽责。

荷叶是美的，它的心灵更美，所以我爱荷叶，我觉得荷叶更值得赞美！

1. 用“____”画出文中的比喻句。句中把(　　　)比作(　　　)。

2. 摘录文中的四字词语(至少五个)。

____

____

3. 这篇小短文一共有______个自然段，第二自然段里有______句话。

4. 抄写文中你认为优美的语句。

____

____

同伴一起来

读短文《我爱荷叶》，完成练习。

1. 在第二自然段的括号里填上关联词语。

2. 读第四自然段，然后填空。

文中第四自然段主要讲了荷叶的(　　　　)，荷叶作为(　　　　)，可以(　　　　)。荷叶作为特别的(　　　　)，不怕浸水，不怕油污。用荷叶(　　　　)，碧绿馨香，清爽可口……

3. 分别写出下列词语的近义词和反义词。

近义词：赞美(　　　　)　特别(　　　　)　炎热(　　　　)

反义词：赞美(　　　　)　特别(　　　　)　炎热(　　　　)

和爸爸妈妈一起阅读《我爱荷叶》，完成练习。

1. 填空。

荷叶不仅(　　　　)美，而且(　　　　)美，作者赞美了荷叶(　　　　)的精神。

2. 说一说：你喜欢什么？为什么喜欢？

19 小数乘小数

本课通过转化探索活动，发现因数中小数位数与积中小数位数的对应关系，悟出“两个因数中的小数位数之和就是积中的小数的位数”。

学一学

非洲象奔跑的速度最快可达每小时38.6千米，长颈鹿奔跑的速度是它的1.3倍，长颈鹿每小时跑多少千米？

38.6×1.3=50.18（千米）

$$\begin{array}{r} 38.6 \\ \times\quad 1.3 \\ \hline 1158 \\ 386 \\ \hline 50.18 \end{array}$$

答：长颈鹿每小时跑50.18千米。

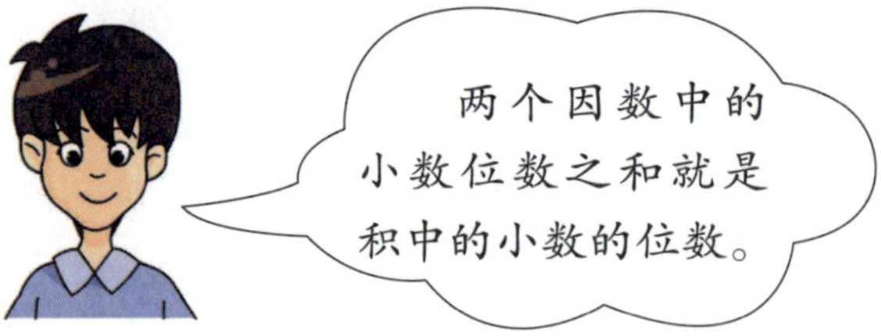

试一试

先说说积是几位小数，再计算。

0.67×0.13=

1.02×0.76=

0.45×1.4=　　　　　　　　　　　　2.33×1.21=

练一练

1. 叔叔5小时行走了26.5千米，他的速度是多少千米/时？

2. 一块长方形铝板，长是0.75米，宽是0.7米；一块正方形铝板，边长是0.72米。哪一块铝板的面积大一些？大多少平方米？

3. 一台拖拉机每小时可以耕地0.5公顷，1.2小时可耕地多少公顷？0.75小时可耕地多少公顷？

同伴一起来

和小伙伴一起讨论下面算式的积有几位小数。

3.72×0.23　　　　　　　　　　　　5.88×0.8

5.2×7.37　　　　　　　　　　　　3.02×8.4

3.78×2.11　　　　　　　　　　　　6.81×1.66

小华的体重是30.5千克，妈妈的体重是小华的1.8倍，爸爸的体重是小华的2.4倍，爸爸、妈妈的体重各是多少千克？

20　自我增强——猜猜我是谁

说一说

我是一个小男孩，
我是少先队员，
我是小个子，
我是黑皮肤，
我是第一组的组员，
我是今天的值日生，
我是擅长跳绳的运动健将，
我……

写一写

我就是我

我的外表　　我的性格　　我喜欢……　　我会……

1.我______	8.我______
2.我______	9.我______
3.我______	10.我______
4.我______	11.我______
5.我______	12.我______
6.我______	13.我______
7.我______	14.我______

猜一猜

听老师读纸条，猜猜他是谁。

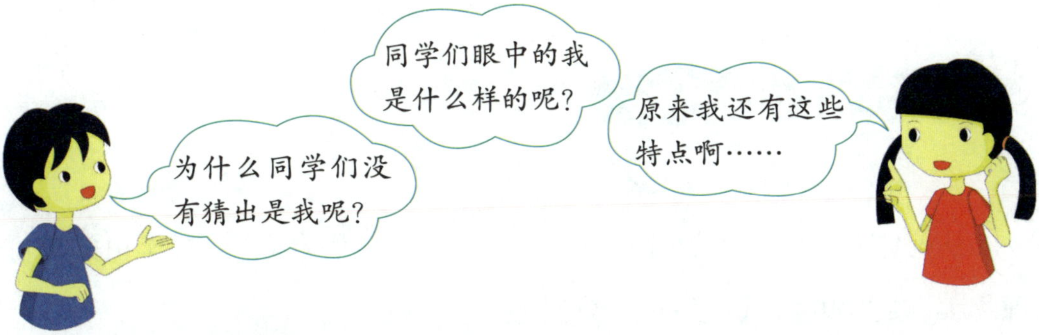

同伴一起来

了解你周围的同学，说说他们的特点。

听孩子说说自己的同学。

21　阅读训练(二)

读一读，做一做

____

从前，有一对夫妻，开了一个小酒店，由于他们老老实实，卖出的酒价廉物美，颇受顾客称赞，生意十分兴隆。

有一天，丈夫外出采办，妻子忽然灵机一动，偷偷地在酒里掺了水，多卖了五元钱。

晚上丈夫回来，妻子兴冲冲地晃着多赚的钱，得意扬扬地把自己的赚钱"秘诀"告诉了丈夫，以为会得到丈夫的(夸奖　夸耀)。

谁知，丈夫一听，急得双脚直跳，痛心地抱头大哭起来。

妻子惊奇地问："怎么啦?"丈夫捶胸顿足地说："唉！你把我们最值钱的东西——信誉，只5元钱就卖掉了，叫我怎能不哭！"

(居然　果然)，从此以后，他们的生意一蹶不振，最终落得个"寿终正寝"的下场。当妻子贫病交加、奄奄一息的时候，她悔恨地流着泪，说："我明白了……"

1. 给短文加个合适的题目，写在前面的横线上。

2. 从括号中选择正确的词语，画上"√"。

3. 写出下列词语的近义词。

痛心(　　　　)　　兴隆(　　　　)　　信誉(　　　　)

同伴一起来

和同伴一起阅读，完成训练。

1. 照样子，写出3个结构相同的词语。

老老实实　（　　　　）（　　　　）（　　　　）

兴冲冲　（　　　　）（　　　　）（　　　　）

2. 根据意思找出短文中的成语，并写在括号里。

（1）形容遭到挫折后不能再振作起来。（　　　　）

（2）形容非常焦急、懊恼或极度悲伤的样子。（　　　　）

和爸爸妈妈一起阅读，完成练习。

1. 认真阅读短文，回答问题。

（1）什么原因使小店的生意十分兴隆？

（2）妻子的“秘诀”是什么？

（3）听了妻子的“秘诀”后，丈夫为什么急得直跳？

2. 给短文结尾补上“妻子”说的话。

22 小数除以整数

本课中同学们将在已有生活经验下探索小数除以整数计算方法的过程，理解小数的整数部分不够除要商0占位，以及商的小数点要和被除数的小数点对齐的道理。

学一学

军军去超市买了6盒牛奶，总共花了31.2元，每盒牛奶多少元呢？

31.2÷6=5.2（元）

答：每盒牛奶5.2元。

除数是整数的小数除法，和整数除法的计算步骤基本相同，只是要注意小数的整数部分不够除要商0占位，商里的小数点要和被除数里的小数点对齐。

试一试

7.83÷9=　　　　4.08÷8=

练一练

0.54÷6=

14.21÷7=

56.58÷4=

47.04÷8=

做一做

1. 一台拖拉机5小时耕地4.55公顷，平均每小时耕地多少公顷？

2. 运输队4辆汽车在7天内节约了35.28千克汽油，每辆汽车平均每天可以节约多少千克汽油？

同伴一起来

说说整数除以整数和小数除以整数有什么不同。

一个数的5倍是11.5，这个数是多少？

23 身体的隐私

学一学

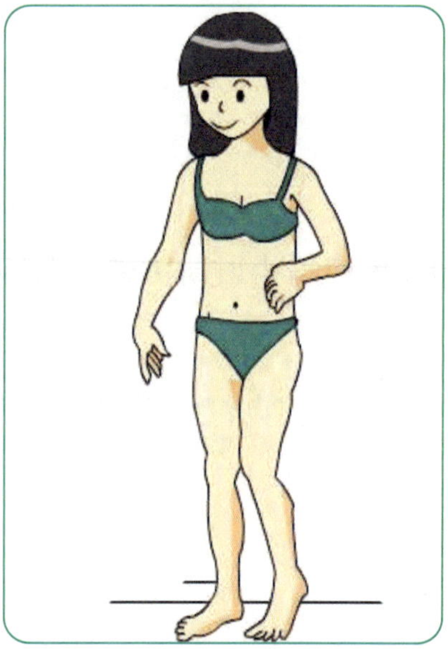

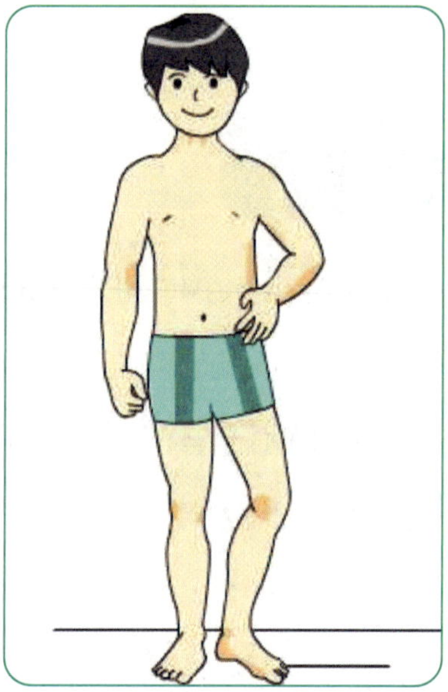

每个人的身体都有隐私，小朋友身体上泳衣覆盖的地方就是隐私处，这些隐私部位我们都要好好保护。

无论任何人，包括爸爸妈妈、爷爷奶奶、爸爸妈妈的朋友、亲戚、老师都不可以随便看你或摸你的隐私部位。如果医生要检查你的隐私部位，必须要有爸爸或妈妈陪着你。如果有人想摸你的隐私部位，要勇敢地拒绝他，并严厉地告诉他："不可以这样做!我回家要告诉大人。"如果有人摸了你的隐私部位，应当立即告诉父母，你可以得到父母的帮助。你也不可以随便看或摸别人身体的隐私部位，要懂得尊重他人的隐私。

说一说

1. 哪些地方是我们身体的隐私部位?

2. 为什么不能让别人碰我们身体的隐私部位?

3. 怎样预防别人碰我们身体的隐私部位?

4. 当别人碰到我们身体的隐私部位的时候,我们要怎样做?

说一说,下列行为可以不?

1. 你在妈妈的陪伴下,医生检查你的隐私部位,可以吗?

2. 如果有一个男人触碰女孩的胸脯,可以吗?

3. 如果一个女人带一个正在跟朋友玩耍的女孩去偏僻的街道,可以吗?

4. 一个陌生男人拥抱和亲吻孩子,可以吗?

5. 如果一个男人对女孩说漂亮的胸部,可以吗?

同伴一起来

和小伙伴互相说说怎样保护自己身体的隐私部位。

爸爸妈妈一起来

爸爸妈妈教孩子保护好自己的隐私部位而不受侵害。

24 看图写话

看一看，说一说

先仔细看图，根据提示自己想一想，再说给家长听一听，最后在家长的帮助下把它写下来并读一读。

我会看图：

1. 大象爷爷怎么了？为什么不开心？

2. 小象想出了一个什么主意来逗爷爷开心？

3. 大象爷爷收到小象的香蕉后心情怎样？他说了什么？

同伴一起来

仔细看图，想一想：这是什么时间？在什么地方？谁在干什么？先自己说一说，再和小伙伴一起说一说。

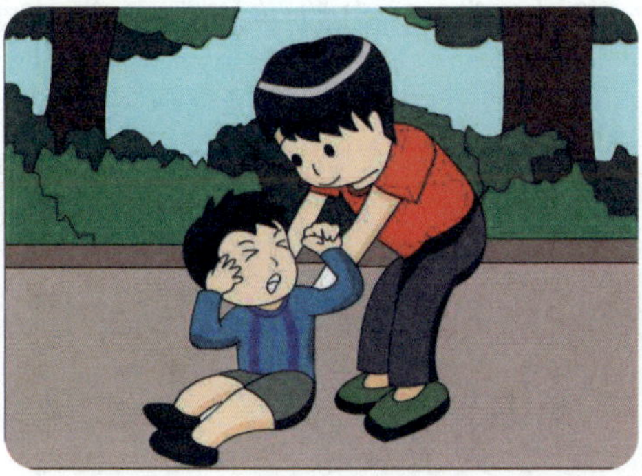

仔细看图，想一想：这是什么时间？在什么地方？谁在干什么？先说一说，再在家长的指导下写一写。

25 除数是小数的除法

本课同学们要理解除数是小数的除法的方法，掌握计算法则。通过学习，提高计算能力，渗透“转化”的数学思想及事物之间互相联系的辩证观点。

学一学

西瓜每千克1.6元，李大爷买了一个西瓜付了14.4元，这个西瓜有多重？

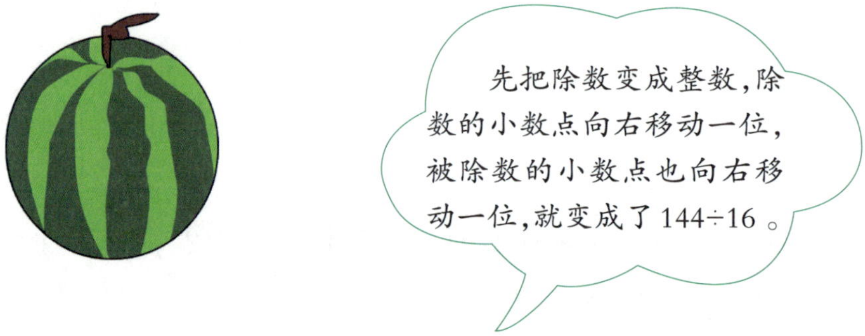

14.4÷1.6=9（千克）

答：这个西瓜有9千克。

除数是小数的除法怎样计算呢？

除数是小数的除法，先移动除数的小数点，使它变成整数，除数的小数点向右动几位，被除数的小数点也同时向右移动几位（位数不够的，在数的末尾用0补足），然后按除数是整数的除法进行计算。

试一试

91.2÷3.8=　　　　0.756÷0.18=

练一练

1. 说一说你是怎样计算7.56÷0.6的。

2. 计算。

91.58÷1.9=　　　　0.954÷0.36=

3. 将21.6米长的彩带可以分为多少根1.8米长的彩带？

同伴一起来

一套童装用布2.7米，64.8米布可以做多少套童装？

爸爸的身高是1.74米，爸爸的身高是小明身高的1.2倍，小明的身高是多少米？

26　饮食安全

说一说

判断下面哪些行为是正确的，哪些是错误的？并说说错误的行为应怎样改正。

1. 桌上的饭菜摆好了，一个孩子吃饭前在洗手。

2. 小孩吃变色和发霉了的面包。

3. 小孩吃新鲜的水果和蔬菜。

4. 小孩吃过期的零食。

5. 小孩正在捡地上的东西吃。

6. 小孩吃了烫的东西后马上吃冷的东西。

7. 小孩吃了很多很多食物，肚子开始痛了。

同伴一起来

小伙伴互相帮助改正饮食不健康的习惯。

爸爸妈妈以身作则培养孩子安全、健康的饮食习惯。

27　自由表达

说一说，写一写

亲情，就像迷茫中的一块指路牌，为你指引前方的道路；亲情，就像一盏灯，照亮你应走的人生；亲情，就像一杯茶，可以温暖你的心灵。孩子在生活中一定少不了爸爸妈妈的呵护，先同伴之间说一说发生在你与爸爸或妈妈之间的让你感动的一件事，再写下来。

同伴一起来

小伙伴互相说一说周末的趣事。

和爸爸妈妈说一说自己在学校发生的事情。

28　质数和合数

本课中，同学们要掌握质数和合数的概念，会正确判断一个数是质数还是合数，知道自然数还可以分成质数、合数与1三类。

学一学

质数：在所有比1大的整数中，除了1和它本身以外，不再有别的约数，这种整数叫作质数 。

合数：一个数的约数除了1和它本身，还有其他的约数，这个数叫作合数。

“0”“1”既不是质数，也不是合数。

1. 1~20各数中，哪些是质数？哪些是合数？哪些既不是质数，也不是合数？

质数（2，3，5，7，11，13，17，19）。

合数（4，6，8，9，10，12，14，15，16，18，20）。

1既不是质数，也不是合数。

2. 质数和合数的判断。

1　3　5　188　27　8　32

1（既不是质数，也不是合数）　3（质数）　5（质数）　188（合数）

27（合数）　8（合数）　32（合数）

试一试

判断下面各数是质数还是合数，并说明理由。

4　7　10　12　23　99　31　67

练一练

一、判断（对的画“√”，错的画“×”）。

1. 一个自然数越大，它的因数个数就越多。　（　　）

2. 两个质数相乘的积还是质数。　（　　）

3. 一个合数至少得有三个因数。　（　　）

二、填空。

1. 在50以内的自然数中，最大的质数是（　　），最小的合数是（　　）。

2. 既是质数又是奇数的最小的一位数是（　　）。

3. 在10以内的质数中，（　　）加上2还是质数。

4. 如果有两个质数的和等于24，可以是（　　）+（　　），（　　）+（　　），或（　　）+（　　）。

同伴一起来

互相出数，考考对方是质数还是合数。

出数考考孩子是质数还是合数。

29 保护饮用水

我们每天都要喝水，我们要保护饮用水源。不能往饮用水源里吐口水；不能在饮用水源里洗手、洗脚；不能将垃圾等污物倒入饮用水源中。

地球上的水资源是有限的，我们要节约用水！

说一说

1. 你知道哪些饮用水源？
2. 你怎样保护大家都要喝的饮用水源？
3. 你怎样做到节约用水？

做一做

做一个宣传保护水资源的小卫士。

同伴一起来

和同学一起保护饮用水源。

和爸爸妈妈外出时，看到饮用水源附近有塑料袋等垃圾时，可以捡起来扔到垃圾桶，用自己的行动保护饮用水源。

部分参考答案

4 平行四边形的面积

试一试

1. 12×3.4=40.8(平方分米)

答:它的面积是40.8平方分米。

2. 25×3.9×19=1852.5(千克)

答:这块菜地一共收白菜1852.5千克。

练一练

1. 2.7×6.5=17.55(平方厘米)

答:它的面积是17.55平方厘米。

2. 48÷12=4(分米)

答:它的底是4分米。

3. 21×8×12=2016(千克)

答:这块菜地一共收白菜2016千克。

爸爸妈妈一起来

11×7×10=770(千克)

答:这块菜地一共收花菜770千克。

7 三角形的面积

试一试

1. 18×2.4÷2=21.6(平方分米)

答:它的面积是21.6平方分米。

2. 20×9÷2=90(平方米)

90×26=2340(千克)

答:这块菜地一共收红薯2340千克。

练一练

26×3.5÷2=45.5(平方厘米)

答:它的面积是45.5平方厘米。

同伴一起来

三角形的面积=底×高÷2

爸爸妈妈一起来

1. 30×2.9÷2=43.5(平方米)

43.5×12=522(千克)

答:这块菜地一共收花菜522千克。

2. 24×2÷6=8(分米)

答:它的底是8分米。

10 词语练习

填一填

一(拥)而上	身先士(卒)	机(智)勇敢
(鹤)立鸡群	走(投)无路	配合(默)契
望而生(畏)	(虎)视眈眈	龙(腾)虎跃
鸡犬不(宁)	狐(假)虎(威)	呆若(木)(鸡)
闻(鸡)起(舞)	(殊)死(搏)斗	落(荒)而逃
兵(荒)马(乱)	不分(昼)(夜)	(至)关重要
坚(韧)不(拔)	年(富)力(强)	贫(困)交加

找一找

(1)(高)——(低)

(2)(水平如镜)—(波涛汹涌)

(3)(谦虚)—(骄傲) (进步)——(落后)

(4)(进)——(退)

(5)(黑暗)——(光明)

(6)(哭)——(笑) (高兴)—— (难过)

(7)(少)——(老)

(8)(热闹)——(寂静)

写一写

2. 根据意思写成语。

(1)慢条斯理　(2)奄奄一息　(3)历历在目　(4)肃然起敬

(5)手舞足蹈　(6)自吹自擂　(7)若无其事　(8)前赴后继

11 梯形的面积

试一试

1. (46+22) ×56÷2=1904 (平方厘米)

答:它的面积是1904平方厘米。

2. (12+23)×18÷2=315(平方米)

315×12=3780(千克)

答:这块菜地一共收韭菜3780千克。

练一练

1. (21+43)×7÷2= 224(平方分米)

答:它的面积是224平方分米。

2. (32+63)×9÷2= 427.5(平方米)

427.5×5.2=2223(千克)

答:这块菜地一共收芹菜2223千克。

3. 4.8×2÷1.2−0.3=7.7(分米)

答:它的下底是7.7分米。

15 小数乘整数

试一试

1. 计算:0.43×4=1.72

2. 计算:

0.23×5=1.15　　43×0.4=17.2

4.35×6=26.1　　17×3.6=61.2

练一练

1. 先说积中有几位小数,再计算。

1.25×3=3.75　　0.123×6=0.738

0.42×7=2.94　　2.84 ×3=8.52

2. 根据23×6=138 写出下面各题的积。

2.3×6=13.8　　0.023×6=0.138　　0.23×6=1.38

同伴一起来

12.4×7=86.8　　0.016×12=0.192

18 阅读训练(一)

同伴一起来

1. 在第二自然段的括号里填上关联词语:如果 ……就……

2. 读四自然段,然后填空。

文中第四自然段主要讲了荷叶的(作用),荷叶作为(药材),可以(去热清火)。荷叶作为特别的(包装材料),不怕浸水,不怕油污。用荷叶(煮成粥),碧绿馨香,清爽可口……

3. 写出下列词语的近义词或反义词。

近义词:赞美(赞扬)　　特别(特殊)　　炎热(酷热)

反义词:赞美(批评)　　特别(平凡)　　炎热(寒冷)

爸爸妈妈一起来

1. 填空。

荷叶不仅(外表)美,而且(心灵) 美,作者赞美了荷叶(从不居功自傲,默默尽职尽责)的精神。

19 小数乘小数

试一试

先说说积是几位小数,再计算。

四位	四位	两位	四位
0.67×0.13=0.0871	1.02×0.76=0.7752	0.45×1.4=0.63	2.33×1.21=2.8193

练一练

1. 26.5÷5=5.3(千米/时)

答:他的速度是5.3千米/时。

2. 0.75×0.7=0.525(平方米)

0.72×0.72=0.5184(平方米)

0.525−0.5184=0.0066(平方米)

答:长方形铝板的面积大一些,大0.0066平方米。

3. 0.5×1.2=0.6(公顷)

0.5×0.75=0.375(公顷)

答:1.2小时可耕地0.6公顷,0.75小时可耕地0.375公顷。

同伴一起来

3.72×0.23(四位)　　5.88×0.8 (三位)

5.2×7.37(三位)　　3.02×8.4(三位)

3.78×2.11 (四位)　　6.81×1.66(四位)

爸爸妈妈一起来

30.5×1.8=54.9(千克)

30.5×2.4=73.2(千克)

答:妈妈的体重是54.9千克,爸爸的体重是73.2千克。

21 阅读训练(二)

1. 题目略。

2. (夸奖)(果然)

3. 痛心(心痛)　兴隆(兴盛)　信誉(信用)

同伴一起来

1. 略

2. (1)奄奄一息　(2)捶胸顿足

爸爸妈妈一起来

1. (1)他们老老实实,卖出的酒物美价廉。

(2)偷偷在酒里掺了水。

(3)妻子把他们最值钱的东西——信誉,只5元钱就卖掉了。

2. 给短文结尾补上“妻子”说的话。

根据课文内容言之有理即可。

22 小数除以整数

试一试

7.83÷9=0.87　　4.08÷8=0.51

练一练

0.54÷6= 0.09　　14.21÷7=2.03

56.58÷4=14.145　　47.04÷8=5.88

做一做

1. 4.55÷5 =0.91(公顷)

答:平均每小时耕地0.91公顷。

2. 35.28÷4÷7=1.26(千克)

答:每辆汽车平均每天可以节约1.26千克汽油。

爸爸妈妈一起来

11.5÷5=2.3

答:这个数是2.3。

25 除数是小数的除法

试一试

91.2÷3.8= 24　　　　　　0.756÷0.18=4.2

练一练

1. 说一说你是怎样计算7.56÷0.6的。

先将除数0.6的小数点向右移动一位,再将被除数的小数点也向右移动一位,变成75.6÷6,然后按除数是整数的除法进行计算。

7.56÷0.6=12.6

2. 计算。

91.58÷1.9= 48.2　　　　　　0.954÷0.36=2.65

3. 21.6÷1.8= 12(根)

答:可以分为12根1.8米长的彩带。

同伴一起来

64.8÷2.7=24(套)

答:64.8米布可以做24套童装。

爸爸妈妈一起来

1.74÷1.2=1.45(米)

答:小明的身高是1.45米。

28 质数和合数

试一试

4(合数)　7(质数)　10(合数)　12(合数)　23(质数)　99(合数)

31(质数)　67(质数)

练一练

一、判断。

1. (×)

2. (×)

3. (√)

二、填空。

1. 47　4

2. 3

3. 3(或者5)

4. 可以是(13) + (11),(5) + (19),或(7) + (17)。